LA NÓMADA

La Nómada

Graciela de la Rosa

Para realizar pedidos de este libro, contacte con:
Palibrio LLC
1663 Liberty Drive
Suite 200
Bloomington, IN 47403
Gratis desde EE. UU. al 877.407.5847
Gratis desde México al 01.800.288.2243
Gratis desde España al 900.866.949
Desde otro país al +1.812.671.9757
Fax: 01.812.355.1576
ventas@palibrio.com
616378

ÍNDICE

DEDICATORIA A MI NIETO DANI

Comienzo este libro, dirigiéndome a mi nieto Daniel Enrique, quien para mí representa un maravilloso milagro, es un correo electrónico directo, privado entre el Creador y yo, en su rostro percibo la ilimitada paz del universo, es un remanso para mi, su sola presencia, y a El le dedico las siguientes líneas: Sabes Dani? Las almas son seres de luz múltiples estrellas en un firmamento infinito, por eso cuando vienen al planeta tierra, toman formas de niños, es lo mas parecido a Dios, nuestro Padre, son emisarios del mas importante mensaje de nuestro Creador, y este es: ¡Traer Felicidad!; todo niño significa amor, alegría, ternura y muchísima sabiduría, son los mas capacitados para disfrutar y amar a la naturaleza, a los animales, disfrutan plenamente del sol, de la lluvia, del aire, de la tierra; por todo esto nos damos cuenta de que son felices. También por ser tan parecidos a Dios nos prestan un gran servicio a los adultos, quienes por muchas ocupaciones que nos distraen, nos olvidamos con frecuencia de cosas importantes como: jugar, reír, disfrutar del aire libre, compartir con familiares y amigos, y de darle Gracias al Padre, por todo lo hermoso y valioso que es la vida con El y en El. Quiero contarte también la historia de una estrellita que llego al planeta tierra, un mediodía brillante por el sol hace muchos anos, al arribar aquí, se encontró con que su mama había recibido una llamada urgente de Dios para que volviera a El, así que la dejo con su papa y una hermanita. La niña comenzó a caminar por su sendero de vida de manos de su abuela materna, pues su papa no dispuso del tiempo para estar con ella. Fue creciendo motivada por la magia y la alegría de vivir, descubrió el amor por muchas cosas que la rodeaban, especialmente la tierra, los espacios amplios para correr. Dios siempre cuido de ella y le designo como a todos los niños, un ángel de amor y luz para que la acompañara siempre. Fue así que creció hasta adulta y fue compensada con dos maravillosos hijos y contigo como regalo extraordinario, demostrándole el Universo así, que si se alcanza la felicidad en esta vida. Doy gracias a Dios, Fuente de Vida Eterna. TE AMO

INTRODUCCIÓN DEL LIBRO LA NÓMADA; VIVENCIAS DE UNA NÓMADA

Al escribir prefiero compartir la esencia que deja en mi lo vivido, las circunstancias, los escenarios son anécdotas que despiertan emociones contaminantes que empañan el resultado ¡Vivir!, no importa exponer el corazón con el pecho abierto, El siempre saldrá ileso, su coraza es el amor y no hay nada que proteja mas. Me pregunto ¿desde donde escribo? Desde mi ego, o desde mi esencia, es poco relevante para mí la respuesta, si es desde el ego me sirve de catarsis, y si es desde mi esencia, seguramente lo que escribo prestará un servicio más allá de mí. Cada capítulo recoge partes anecdóticas de mi vida, mas la savia de mis experiencias tiene un sabor dulce, que me envuelve en agradecimiento a Dios, solo El es capaz de hacerme AMOR. Deseo que lo que aquí expreso, despierte en cada ser que lo lea, el amor y la pasión que significa un instante en la vida, la vida en un instante, eso siento que soy, lo intangible e irreal de un cuerpo, y la profundidad ilimitada y verídica de un Ser. Si tuviera que nombrar a cada una de las personas a quien les debo agradecimiento, por su aporte en esta maravillosa aventura del vivir, no terminaría nunca, como todo lo positivo y hermoso es infinito. A cambio solo les manifiesto desde mi corazón, el amor que como Ser de Luz, les profeso a TODOS.

AGRADECIMIENTO

Como dije en mi introducción en este libro, nombrar a todas las personas a quien les debo agradecimiento, se haría interminable, pero si quiero señalar a quienes de manera espacialísima, representan experiencias significativas en mi nómada trayecto. Comienzo por mi abuela materna, quien tomo la decisión de cuidarme y guiarme en los primeros años de mi existencia, sembró en mi por encima de todo la compasión y el respeto por todo Ser vivo, la solidaridad hacia el prójimo sin distingos de clase, raza, o religión. Mi hermana mayor quien compartiendo circunstancias especiales, como las que nos tocaron en nuestra infancia, me brindo su amor, desempeñando un rol que ni le correspondía, ni podía, pero intuyo que fue con la mejor de sus intenciones.

Olga (mi lapita), Un Ser excepcional para mi, a través de ella conocí la ternura, la incondicionalidad, la aceptación, el afecto cálido sus brazos siempre fueron la trinchera en la que me refugiaba cuando sufría, mi confidente, sola ella sabia de mi, lo que yo de mi sabia. Su esposo, quiero aclarar que mi agradecimiento no se despierta solo por las cualidades que las personas me aportaban, también agradezco a quienes con sus errores fueron mis Maestros en muchas circunstancias, esto lo dijo, porque a estas alturas de mi sendero, no existen para mi experiencias "buenas" o malas", existen solo experiencias. Continuando con Félix, le agradezco haberme aportado una cultura social amplia, haber contribuido a elevar mi espíritu de superación. Domitila, mi "nana", con ella conocí la humildad, la grandeza de la nada, el poder de la ignorancia que en ella era inocencia pura, la Fe a ciegas, la verdadera, la del corazón, ella fue uno de los mejores obsequios que el Padre me dio. Mis adorados primos Félix y Pedro, mis compañeros de juegos, mis hermanos de corazón, y de adultos dos pilares en las que me apoye muchas veces, durante la vorágine de mi existencia. Alicia, mujer de compleja personalidad, amiga de mi hermana y para mi una hermana mas, fue guía espiritual, profunda en sus reflexiones, aguda en sus conclusiones, de elevada e incondicional calidad humana, definitivamente contribuyo a mi Ser. Raquel, compañera de bachillerato, así nos conocimos, y luego la vida nos reunió ya de mujeres adultas jóvenes, incondicional en su amistad para conmigo, nos brindo apoyo económico y afectivo a mis hijos y a mi, ella al igual que yo coincidíamos en la búsqueda de afecto en la figura masculina, las dos caíamos y nos levantábamos, para quizás volver a caer, nos supimos dar afecto sincero en medio de nuestras marcadas diferencias, nos apoyamos incondicionalmente, bautizó a mi hijo, de ella siempre tendré el recuerdo dulce de la amistad y la sensibilidad del "ser mujer". Gracias a ella conocí a F.F quien fue su amante por 14 anos aproximadamente, hombre complejo en su comportamiento, perteneciendo a una clase socio-económica muy alta, incursionaba en diferentes niveles de la sociedad, buscando emociones y sentires insospechados, era 13 anos mayores que Raquel y yo, quienes éramos de la misma edad (19 anos). Al hablar de Fernando, me gustaría comentarles, que a pesar de haberme "caído muy mal", el día que lo conocí, hecho que fue recíproco, tal y como el también me lo comentó,

LA NÓMADA 13

surgió entre los dos una energía muy especial, mezcla de hermandad, amistad y un "no se que" que nos identificaba plenamente, fuimos confidentes de experiencias que solo el sabia de mi y yo de el, y que permanecerán para siempre con nosotros, siendo el un hombre apasionado, atractivo, lleno de detalles positivos que enamoraban a cualquier mujer, en mi nunca despertó interés sexual, mi atracción por el siempre fue auténticamente asexual, a el mismo le costo entenderlo así, hasta que al paso del tiempo, lo entendió y aceptó compartimos momentos indescriptibles, de dolor, y alegrías, estar juntos nos dió siempre felicidad, cocinábamos y bebíamos juntos, fuimos compañeros de tragos, de despechos, fue para mi un gran maestro, nunca pretendió trasmitirme conocimientos, pero fue generoso en regalarme y compartir conmigo su "Sabiduría", espacialísima formada de la vida misma, en conclusión de el puedo decir que "vivió" y me enseño a "vivir". Siempre dijo que una de las ilusiones de dejar este plano es soñar que me reuniré con EL. Fue Fernando quien tan acertadamente, me bautizo con el apodo de "la nómada". Alida, una excepcional mujer que conocí a través de F.F los dos se conocieron y establecieron una relación por mas de 14 anos (posterior a la de Raquel), casándose posteriormente y lamentablemente a el lo sorprendió una terrible enfermedad que lo condujo a la muerte física. Pero quiero hablarles de Alida, indiscutiblemente es una persona que entro en mi vida, para no salir jamás, nuestra afinidad es impresionante, muchas veces al empezar hacer algún comentario lo hacíamos casi al unísono, coincidíamos en muchos hábitos, comportamientos, opiniones y sobre todo nos identificábamos muchísimo en nuestra forma de ser y en nuestros gustos y conceptos, siendo ella una mujer, con mayor discreción que yo, con un lenjuage mucho mas delicado y suave que el mío. Con su amistad se produjo cierta alquimia en mi, me incentivó en el arte de la pintura, aun cuando nunca me dio clases, siendo ella una gran pintora, pero su exquisitez me inspiro mucho, ha sido una hermana para mi, presencie en sus acciones una calidad humana extraordinaria, un sentido igualitario hacia las personas, sin importarle su raza, condición socio-económica o creencia religiosa. Le agradezco su amor y apoyo en situaciones difíciles para mi y mis hijos, donde se creció como Ser y nos arropo con su ternura y dedicación. Dios me dió la dicha de ver a mi amado amigo Fernando terminar sus días apoyado y amado por esta mujer de dimensiones ilimitadas de amor por el, es otra de las características que nos identifican una vehemencia y entrega al amar desde nuestras entrañas, que nos lleva a proteger al amado con nuestra alma. Nuestros caminos entrelazados son ricos en anécdotas que las dos recordaremos siempre. Quiero concluir este capitulo largo de agradecimientos, con alguien que llego a este plano, cuando yo tenia apenas 13 años de edad, la mas pequeña de los hijos de mi amada Olga, su nombre es Isabel T, me lleno de alegría desde que nació, nos une una gran afinidad espiritual con ciertos visos de magia, la disfrutamos y compartimos constantemente, ella contribuye a mi experiencia con lo sutil de su sabiduría a través de su melodiosa voz, que amo y me acaricia cuando la escucho, sus dones psíquicos, ratifican en mi la realidad que no se ve y Es, compartimos interminables charlas como dos almas en comunión. En mi hoy esta a mi lado, pese a la distancia geográfica que nos separa, es maravilloso e ilimitado nuestro amor mutuo, que de forma mágica se expande a nuestro entorno y traspasa limites y fronteras creadas por el hombre, Una vez mas y para concluir, aspiro profundamente, entro en mi y me conecto con la fuente creadora, que allí yace y agradezco al Padre una vez mas, el privilegio de mis experiencias.

AGRADECIMIENTO ESPECIAL

A mi hijo Juan Carlos, siempre presente en cada uno de mis proyectos, aportándome su tiempo, conocimientos y sobretodo su sabiduría, a través de su afecto incondicional. TE AMO.-

PRELIMINARES

Siempre comienzo un nuevo día, dándole gracias al Padre-Creador, asimismo al empezar a pintar, escribir, cocinar, leer, en fin cualquier pensamiento, palabra o acción mía es precedida por la gratitud a Dios, la única verdad, no hablo de realidad, para mi es altamente relativa. Siento que la vida en mi se ha manifestado a través de circunstancia variadas, ni buenas, ni malas, he recorrido un sendero en esta experiencia humana, que a veces me parece largo si miro hacia atrás, corto si miro hacia delante, pero si me ubico en el presente, en el aquí y ahora; acabo de nacer, no hay edad, no hay tiempo, lo recorrido solo consolida en mi la esencia del Ser, y experimento la inocencia de la niña, la temeridad de la adolescente, el ímpetu de la joven, la pasión encendida de la mujer, la ternura de la madre, y todo este compendio me da una sensación de plenitud y dijo de nuevo ¡gracias Padre!.

He tenido la oportunidad de acumular anos, a través de los cuales he sido participe de la sociedad, ¿porque? No me interesa; ¿para que? Creo en los procesos, en la evolución, en el cambio constante y la transformación que conlleva al crecimiento. Estoy convencida de que todo lo que aconteció y acontece en mi vida es positivo, creo en el Creador, en su justicia y equilibrio perfecto. Tuve una infancia en un entorno de tristeza y negativismo, en la que siempre sentí la alegría de vivir, donde la magia de la creatividad me impulsaba; una adolescencia total, y me refiero a que fui verdaderamente adolescente: adolecía de adaptación a mi entorno familiar, al país, a las normas, desee partir abandonar mi cuerpo, y volar lejos, pero el Creador me mantuvo allí. Luego mi experiencia de mujer joven, la viví en un país tercermundista, con marcada influencia española, donde el sexo era sucio, el amor azul y etérico la maternidad signada por normas sociales, siempre dentro del matrimonio, palabra que para mi siempre ha sido extraña, no voy a entrar a analizarlo, no vine a eso, prefiero hablar del amor; ese al que el Ego del hombre trata de convertir en concepto, emociones, deberes paradigmas y normatizarlo a través del análisis, en nuestro afán de alcanzar poder y dominio, ocupamos mucho de nuestro tiempo en representar: el amor, la amistad, la maternidad, la familia; pasando siempre por el tamiz del intelecto, donde con nuestra esencia ausente, enriquecemos conocimientos, pero no sabiduría. Soy creyente de la Magia que algunos llaman Fe....... la magia del amor, la amistad, de los amores filiales, del sexo. Conmigo crecieron dos corrientes con intensidad: la espiritual y la sexual, presentes e inseparables pese a que muchos lo ignoren, en cada situación de nuestras sendas, no hablo de genitalidad, ni de evasión fanatizada por alguna religión o creencias filosóficas, que frecuentemente son confundidas con sexo y espiritualidad. Para mi el amor es esa sensación maravillosa indescriptible, donde mi Yo no cabe en mi cuerpo y trasciende a mi entorno y mas allá, ese que nos hace mas allá de lo humano en cualquier rol que desempeñemos, laborando, cocinando, amamantando a un niño...........y no hablemos del sexo en ese encuentro de dos cuerpos, que producen la comunión perfecta, donde se integran nuestras esencias, alcanzando por instantes la gloria del Ser.

A veces, cuando preciso de un amigo (a) con quien compartir vivencias, les confieso desisto, termino leyendo o escribiendo, escucho a través de la lectura y charlo cuando escribo, es asombrosamente maravilloso las innumerables opciones que nos provee el Universo, socializo con facilidad, pero mis momentos de soledad son intensos y diría que en mayor proporción. Solo dos personas han sido depositarias de mis entrañables secretos; mí amada Lapita, y F.F., mi siempre presente amigo, ambos se me adelantaron en el viaje de regreso a casa. Creo en el amor, repito es un recurso energético renovable, desee siempre un compañero para evolucionar juntos, no una pareja para no envejecer sola, como dice la canción "Soy pasajera de la nave de la vida" con crisis existencialistas cíclicas, que me hablan de que la edad cronológica también es relativa. La ternura, el romanticismo, la pasión, el amor estremece y nos hace vibrar a cualquier edad, igual se eriza la piel, y añoramos un abrazo compartido. Hoy me encuentro un tanto deprimida, esto suele sucederme y me pregunto, ¿cuando vas a canalizar mejor tus emociones?, con frecuencia se manifiesta en mí, la adolescente apasionada, descontrolada, significa esto que "estoy viva", ¿o padezco algún tipo de retardo? Una de las cosas que mas disfruto de la vida, es el constante cambio, eso nos permite despertar diferentes cada mañana: entusiasmados, melancólicos, temerosos, ¡que compendio maravilloso somos! Solo el Creador pudo hacer semejante criatura y nuevamente doy gracias al Padre. De mis recuerdos, lo mas significativo es el sabor que dejaron en mi, y naturalmente son muy variados, concluyo que todo lo que me ha ocurrido corresponde a mi misión de vida. Mi gran amigo Fernando me bautizo con el apodo de "La Nómada", nada mas acertado, lo soy, siempre me acompaña la sensación de ser un "sticker" que se adhiere a diferentes escenas, pero que no es parte del paisaje, no percibo raíces en mi, solo emociones transitorias que sedimentan sentimientos siempre positivos, donde solo el amor prevalece. En varias ocasiones de mi vida fui llamada "ilusa", ¿lo fui?, ¿lo soy?, si ilusa es sinónimo de mágica ¡Si! Y le doy de nuevo gracias al Padre. Creo en la obra de Dios en mi y en toda la creación, hay días que amanezco con deseos enormes de pintar, escribir, amar, diferentes maneras de drenar un algo inmenso que me plena, me reboza y que a veces no se como manejar, lo siento, lo disfruto, me embarga de alegría, de amor, de eternidad….en esos momentos me ilusiona saber que he de morir físicamente y solo así esa grandeza se unirá al Todo, a lo divino, a lo mágico, a lo intangible, a lo infinito a la Luz Divina. Al paso del tiempo todo lo sencillo se me hace importante: respirar, escuchar, mirar.-

Agradezco constantemente al Creador permitirme ser testigo presencial y esencial de mi propio proceso de vida, de mi personal alquimia !Padre cuanto amor!, bendita tu creación, la tierra, lo que nos brinda, las plantas, los animales, el agua, los sonidos, el aire que con su movimiento y dinamismo se hace Espíritu Santo. (Permítanme este paréntesis, acabo de escuchar en mi oído izquierdo "las alas se despliegan"). En mi transcurso de vida me confieso mas intuitiva que intelectual, el análisis, la programación, la planificación, no han sido mis fuertes, soy poco disciplinada, inquieta, disfruto de estar en movimiento constante, caminar, bailar, me atrevo a definirme como "intensamente nómada",, en contraste soy contemplativa, la observación de mi entorno es minuciosa, los detalles mas pequeños son los mas importantes para mi, los minúsculos insectos, las hojas caídas de un árbol, el olor de la grama, la profunda calma de los lagos. No profeso religión alguna, me siento parte de un todo, sin divisiones, existen altares naturales, que nos regala el Padre donde frecuentemente comulgo con El; frente al mar mirando el horizonte, en la espesura de un bosque, en la fragilidad de un recién nacido, en el sonido apaciguador de un río, en la complicidad intima de dos amantes, donde nos volvemos principio y fin, en el maravilloso acto de "hacer el amor", por eso no concibo limitarme a un espacio señalado por el hombre. A veces frente a un espejo que refleja mi cuerpo pequeño menudo, salgo yo de el y doy gracias nuevamente al Padre por el milagro que solo el puede lograr y es dar un estuche tan compacto a algo ilimitadamente inmenso como lo es el Ser, la música es mi constante compañera, por ser como los colores y los olores manifestaciones esenciales a través de mis sentidos, que son para mi antenas receptoras, percibo, disfruto y me relaciono con mi entorno, disfruto oliendo la piel de mis nietos, de mis mascotas, quisiera hacerlo con mis hijos y demás seres queridos, pero me verían como loca, jajaja, con algunas parejas transitorias en mi vida también lo hice, comprometiéndome intensamente con la visión, sonido, tacto olor y sabor

En un momento, reflexionando acerca de mi maternidad, me asalto una pregunta casi bíblica "Graciela, ¿donde estabas cuando concebiste a cada uno de tus hijos? ¿Presente en tu vida? y tengo que responderme "No se", mi cuerpo físico estaba en un momento de búsqueda, de insatisfacción, ansiosa de encontrar "amor afuera", y entonces nuevamente le dijo al Padre ¡gracias!, porque en aquellos momentos sin darme cuenta, EL me plenaba de amor y luz, no importa como se concibe a un hijo, es mas no importa como llega a tu camino, es un maravilloso milagro con el que has sido privilegiadamente bendecida. Amar es no morir, por eso Jesús esta y estará siempre vivo, en momentos pasados de mi existencia sentí que nunca había sido amada, ¡imposible!, me respondo hoy, vengo del amor, soy amor independientemente de mis relaciones humanas, además no ser amada por un hombre, es una calamidad pero no amar nunca a un hombre, es una desgracia. Disfruto este "destino en fragmentos" que conforman un rompecabezas perfecto, donde yo soy un vehiculo a través del cual el Hacedor Universal, realiza su Plan Divino, reconozco mi conexión con el todo donde me origine. Mis tendencias bohemias, hoy día son mas tangibles, quisiera vivir en una cabaña de madera en medio del bosque, con olor a sándalo y canela, rodeada de plantas y animales, frutas, muchos libros, música, quesos, fotos ¡ah! Y maquillaje, el glamour me acompañará siempre, cuando me cremen quiero tener los labios pintados de rojo. Saben, si regresara a una experiencia humana de nuevo, elegiría ser nuevamente mujer, amante, madre, amante, usar muy poca ropa, deteste siempre el brazzier, tener los senos libres, me da la sensación de libertad, de frente a la energía del sol, lamentablemente cuando lo hacia, experimentaba una culpa inmensa, saben porque?, les cuento hay culturas donde se acostumbra la circuncisión en el varón, en la cultura que yo crecí, de forma velada se practica la castración sexual psicológicamente en la hembra, y desde mi infancia me "enseñaron" que no debía mirar y mucho menos tocar "mis partes intimas" porque era sucio y pecado mortal; al llegar a mi adolescencia empezó mi calvario, se despertaron en mi sensaciones extrañas que me llevaban a experimentar mi cuerpo, y sin embargo de mujer, me convertí en la imagen pura del deseo y el placer, de la tierra y la semilla, (como dice la canción). En el hoy que siento la libertad de "Ser", hay vestigios de prejuicios y paradigmas en mi, ahora es la estética la que evita que me desnude, ¡que vaina!, pero bueno no hay que lamentarse, debo ser positiva y optimista y a lo mejor llega a mi vida un Arqueólogo y lo disfrutamos juntos jajaja, con facilidad el buen humor aflora en mi, aun en los momentos mas difíciles, me gustan los chistes. Tocando muy sutilmente el tema de parejas, les cuento que para mi una pareja son dos "todos", esencias que se atraen, no importa el genero, la raza, edad o experiencias. Se que alcanzare la felicidad cuando logre amar como ama Jesús, mientras tanto disfruto de los distintos intentos de conseguirlo. Sabemos que el Universo es creación del Padre, como dudar que el amor prevalecerá y reinará su antítesis es el miedo, esa energía densa, pesada que nos hunde, que no permite elevar nuestras alas hacia lo divino que nos encierra a través del Ego, en celdas clasificadas: antagonismo, carestía, resentimiento etc., ante esta convicción, me pregunto: "que represento yo en esta gran y maravillosa obra"?, las respuestas emanan de mi interior, donde yace mi Yo, de mi corazón y conecto con la única verdad, siendo su obra, el Creador esta en mi y yo en El. No me arrepiento de lo vivido, ni lamento las situaciones difíciles que he pasado, sin ellas no tuviera el privilegio de disfrutar el Hoy, de conservar en mi la plenitud de mis sentidos, el vibrar con las mas sutiles experiencias, solo a través de la Nada se alcanza el Todo. Personalmente estoy convencida de que esta experiencia humana es una expedición maravillosa, en un amplio espacio donde aventurar nos mantiene presente así alcanzamos Vivir. Observo a mi alrededor a muchas personas que utilizan gran parte de su tiempo, en buscar Maestros, Guías, Lideres para que los enseñen u orienten, considero que es una gran distracción ilusa en si misma, le dan la espalda al Gran y Único Maestro JESUS, el Creador se hizo humano a través de El y nos trajo la gran y única enseñanza, la única guía El Amor, y nos lego una gran enciclopedia, La Naturaleza, que funge como nana y a cada instante nos da señales, nos invita a seguir sus ejemplos, su abundancia, su servicio, su cobijo, nos sustenta.

Me siento inmersa en ella, por ser parte de ella, de allí que en mi senda estén presentes las cuatro estaciones…..
Mi primavera, donde fui una flor silvestre, ninguna mano me tomó para colocarme en su hogar, fui libre, disfrute del aire que me acariciaba, del agua que calmaba mi sed, me sustentó la tierra, hasta que en mi proceso me transforme, fui tierra y semilla…….Mi verano, cálido hasta la sofocación de la pasión, pero con eventuales tormentas propias de la estación, donde la vorágine de mis emociones me llevaban a la confusión y búsqueda y muchas veces fui arrasada por la fuerza de huracanes que desbastaron mis hojas, y alimentaron el suelo para mi próxima estación……….El otoño, colorido, tibio, donde se funden los colores de la primavera, la fuerza del verano y el remanso del presente, donde me detengo a contemplar con gran beneplácito y agradecimiento al Padre, la diversidad y abundancia que me regalo, me dirijo a mi invierno, donde el frío por muy intenso me cubre de nieve, mas es solo la cubierta, mi interior se mantiene apasionadamente calido, como la tierra en su profundo interior, donde se mantiene la savia de la vida y abriga la semilla que brotara de nuevo en la siguiente estación. La juventud, divino tesoro como suelen decirle, es también una época de competencias, luchas, expectativas, sueños y renuncias. Para mi lo mejor de la juventud es que ya paso, Sin saber cuando, en cierto punto impreciso de la vida, llega un momento en que todo aminora su marcha, descansando suavemente dentro de nosotros, y vemos con mas claridad sin obstáculos, hasta donde la vista alcanza, mi río se mueve lento dentro de mi cauce, dirigiéndose inexorablemente al final del viaje, adonde van todos los ríos; al mar de la eternidad, estoy en

mi etapa de madurez, en mi otoño, donde la luz del día se va desmayando y el horizonte toma los tonos de naranja, rojo, y oro, indiscutiblemente una época plena, profunda, donde mi creatividad es mas fecunda. Este equinoccio de la vida es donde diluyéndose las emociones, se convierten en sentimientos firmes y placidos, aunque a veces nos sorprenda el resurgir de algunas emociones todavía vivas, despertando a la adolescente que suponía trascendida, no, no es así, solo dormía. Lo mas hermoso es tener proyectos sin competencia, o estrés, no hay prisa por llegar a la meta, eso quedo atrás, voy a mi propio ritmo y tiempo, estoy en el palco del teatro de la vida, no en el ruedo.

Estoy en el hoy que tanto temí ayer, estoy mas consciente de lo que quiero y merezco, mas exigente de lo esencial, pero con mayor capacidad de tolerancia, pocas cosas me escandalizan, aprecio mas la sencillez, la sinceridad, lo natural, no hago planes a largo plazo, ni pospongo actividades para el futuro, porque mi futuro es aquí y ahora, como siempre me hacen daño las expectativas. En mi presente descubro nuevas sorpresas inimaginables. Cabe recordar las palabras de Amado Nervo" "Vida; nada me debes. Vida: Nada te debo. Vida: Estamos en Paz. Viví sin planificación, sin agenda, con un solo compromiso "amar", renuncié muchas veces a muchas cosas, tuve muchas privaciones, conocí el hambre, fui errante sin hogar, nada de esto me amargo, nada de esto ha robado mi alegría de vivir, de amar, de reír, de bailar, de sonar, de volar. Veo a mi alrededor personas contemporáneas conmigo que tiene una estabilidad económica que yo no poseo, una tercera edad protegida, yo no tengo una tercera edad, yo no tengo edad Yo Soy, en un cuerpo que en un proceso maravilloso de desgaste físico, va dándole espacio a mi espíritu, que crece cada vez mas pleno de magia infinita, disfruto de lo que poseo y de lo que carezco, muchos a mi alrededor no logran ver mi fortuna, soy millonaria, solo amor he depositado en el banco de mi existencia, y mi cuenta de ahorros gana mas intereses cada día, su mayor depositario es Dios, me sobra el amor a manos llenas, estoy siempre en la búsqueda de quienes necesitan donaciones sin fines de lucro. Antes de comenzar a narrarles mis vivencias por capítulos, quiero compartir, lo que me acontece hoy sábado, 12 de octubre de 2013, no se si con esta mas recién experiencia como mujer, termina mi compleja aventura en cosas del amor. Cuando ilusoriamente (muy propio de mi), me aseguraba que era impenetrable para una nueva relación, apareció en mi computadora un mensaje, un rostro, y para no hacerles largo el cuento, decidí permitirme la oportunidad de un acercamiento amistoso por estas modernas vías, se mantuvo por dos meses, llenándome de ilusiones que creía muertas, a través de correos hermosos lleno de amor, respeto, y con fotos de un hombre hermosamente maduro que despierta en cualquier mujer su sueno dorado, le di riendas sueltas a mi imaginación de mujer (que hacia 28 anos no se permitía esto) a mi imaginación de artista y escritora, imagínense la bomba, estoy segura que las mujeres que lean esto, se pondrán en mi lugar, los hombres pensaran "a su edad?, esta loca", amigas de nuevo caí al foso de la decepción dolorosa, de frente en una mano el corazón y en la otra el cerebro, termino siendo el ardid de una red de estafadores que opera desde Nigeria, que utiliza diferentes estilos y formas para obtener dinero, bueno gracias a Dios que yo misma lo detecte a tiempo y no paso a mayores, la única perdida nuevamente fue las ilusiones de la eterna adolescente (senil), que nuevamente quedo frustrada.

En muchos momentos de mi vida, he sentido estar sola con muchas personas a mi alrededor, desde muy joven sentí esa sensación, ahora ya en una edad madura, se intensifica mas, con frecuencia me siento fuera de grupo, aparentemente soy muy sociable, y en verdad disfruto de compartir con diferentes tipos de personas de cualquier edad, pero cada vez es mayor mi sensación de estar lejos, de estar ausente en medio de grupos de personas, de percibir sus voces como sonidos, aprecio la amistad como la concibo; solidaria, sincera, respetuosa, pero por encima de todo coherente, con esto me refiero a que para mi una relación de amistad, debe estar por encima de estados de ánimos transitorios, presentes en cualquiera de nosotros por nuestra condición humana, en lo personal cuando surge una situación desagradable o negativa entre una persona amiga y yo, de inmediato hago un balance de lo que hay que agradecer, y de lo que me molesta o vulnera de esa persona, teniendo presente "aquello del espejo" que nos refleja siempre nuestra imagen, por esta razón difícilmente, me alejo de mis relacionados, a menos que ellos tomen esa decisión, de ser así, respeto su elección, sin darle cabida en mi a resentimiento alguno, consciente de que el cambio es inevitable en nuestro camino, y que todo inexorablemente cumple su cometido, en este viaje todos somos pasajeros, lo importante es lo que cada vivencia deja en nosotros como experiencia de vida, si en algo estoy muy clara, es que mi misión no es cuestionar, ni juzgar a nadie, y mucho menos imponérmele. Es notorio la soledad que impera en nuestras sociedades, estamos en la era de las redes sociales, de las comunicaciones globalizadas, para nadie es un secreto el abismo que esto ha creado entre la familia, los amigos, las parejas, escribimos lo que a lo mejor no nos atrevemos a decir mirándonos a los ojos, lo personalizado de una tarjeta escrita a mano paso de moda, hay paginas en facebook que te las facilitan impresas. Conservar una foto es ridículo, es mejor archivarlas electrónicamente, hay algo que me llama poderosamente la atención; sobretodo en personas con inquietudes sobre el crecimiento integral, esencial, y es lo frecuente de sus mensajes en facebook, hermosos, elevados, conciliadores, y en persona sus actitudes y reacciones están tan lejos de identificarse con ellos, es sorprendente, pero bueno cada uno a su tiempo y a su ritmo. Después de una reflexión, siempre termino dándole gracias a Dios-Padre, me siento privilegiada, por haberme permitido experimentar diferentes generaciones, disfrute y disfruto del romanticismo, esa magia suave calida que impregna de belleza y glamour las relaciones humanas, ya sea a través de la música, de un furtivo beso, de un apretón de manos, de esa caricia velada mezcla de pudor y erotismo, que nos hace vibrar, el acercamiento cadencioso de dos cuerpos a través de una balada, bolero, o blue, donde nuestros sentidos despertaban de manera paulatina, prolongando el éxtasis del amor, eran fingidos? ¡NO!, tenían la autenticidad de la mezcla del sentimiento y del instinto, por demás hermoso. A través de algunas músicas actuales, la procacidad se hace presente en bailes con cuerpos separados, donde los movimientos representan de manera instintivamente animal, la necesidad de copular solo como desahogo físico, sin intervenir sentimientos, yo diría ni fingiendo sentirlos, es decadente.Les aclaro que esto no me escandaliza, sigo pensando que es parte del proceso, todo tiene su momento y su razón de ser, dentro de mis experiencias me toco vivir la década por demás trascendental de los 60, los hippie, en Venezuela dentro de sus circunstancias también alcanzo y marco esta etapa, yo como mujer joven me identifique en parte con ella, tenia un sabor y sensación de cambio, de emancipación, aunque jamás consumí drogas, sentí esa "magia" de estar por encima de lo establecido, es inevitable en la juventud y doy gracias a Dios por ello, por lo regular cuando vamos dejando atrás esa pasión y temeridad de los anos mozos, algunas personas critican y señalan a los jóvenes implacablemente y hasta los responsabilizan por los problemas que surgen en la sociedad, yo leo muchos comentarios al respecto, entre ellos, los que señalan orgullosos de haber recibido una educación de hogar, donde les imponían horarios para deberes con el hogar, respeto a los mayores inclusive con uno que otro "chancletazo" Y me asalta la pregunta "Y que paso con lo positivo de esa crianza, que ellos no quisieron o pudieron trasmitirles a sus hijos?. El Creador nos concede la vida, algo maravilloso, extraordinariamente hermoso, que solo debe invitarnos a ser creativos, solidarios, a disfrutar, a VIVIR, a mi se me hace "canson" tanta queja, tanta critica, tanto enfoque en la vida "del otro", tenemos que apreciar el tiempo que se nos concede para "vivir", para conocernos, para experimentarnos, para trascender circunstancias que son solo anécdotas que nos inspiran nuestro propio crecimiento. Hay un termino muy usado "estar presente", tomémosle el sentido, es profundo, no es fácil y pongámoslo en practica, aunque parezca paradójico "no siempre estamos donde aparecemos" muchas veces estamos ausentes en nuestra vida, aunque nuestro cuerpo este visible en ella.

CAPITULO I

INFANCIA, ADOLESCENCIA, JUVENTUD

Mis recuerdos datan de los 2 anos de edad, me veo en una casa grande de la Caracas mantuana, en la Pastora, parroquia en la que nací,, en abril, estación de primavera, espacios amplios, corral con árboles, matas, gallinas, gallos, un perro llamado Bambi de mi querido filly, (Félix viejo, el pa'bily, recuerdo a mi abuela materna a quien llame siempre mama, por cuanto su hija, mi madre murió a los 28 días de haber nacido yo, mi hermana Maria mayor que yo 4 anos y medio, mis tías abuelas Hortensia, (a quien llame siempre madrina, no siéndolo, era madrina de mi hermana), mi mama tía Carlota con quien me gustaba dormir, y estar siempre, mi lapita, quien era mi prima y tenia 15 anos mas que yo aproximadamente, por ella conocí la ternura, el amor incondicional,, fue siempre mi apoyo afectivo, emocional, amo mis locuras, mis errores, me acepto sin exigir razón alguna, sus brazos siempre significaron para mi refugio contra todo mal, ella y su esposo significan para mi y mis hijos la única familia, los dos conformaron una unión que alcanzó a tener hasta biznietos. Domitila, mi nana amada de piel negra hermosa brillante, amplia sonrisa que llena de nobleza y amor, siempre dispuesta a protegerme. Cuando recuerdo mi infancia les confieso, contacto con cierta tristeza y dolor, no me gustaría volver a ella, sin embargo lo hago en cada circunstancia difícil de mi vida fui inquieta, muy traviesa, mis juegos favoritos, correr, trepar árboles, jugar metras elevar papagayos (cometa), patinar, las muñecas no eran lo que me atraía mas, además solo me las prestaban cuando permanecía en cama por enfermedad, para evitar que las rompiera, me gustaba cuando llovía porque la tierra se hacia pantano y me encantaba comérmela, disfrutaba de jugar con varones, no recuerdo juguetes que me entusiasmaran. A muy temprana edad leía perfectamente a los ocho anos, leí en cadena nacional la vida de Luisa Cáceres de Arismendi, una heroína nacional, el primer libro que leí escondido fue El tercer Ojo, era de un amigo de la casa, que practicaba Espiritismo, sentía atracción por las "animas del purgatorio" – de quienes siempre nos narraban cuentos de miedo y terror, decían que a las 12 de la noche nadie debía estar en la calle, porque ellas pasaban en procesión, y si uno las veía, era el próximo que ellas se llevaban, eso basto para que a escondidas me asomara a un ventanal del salón principal de la casa para verlas, era mentira, así lo comprobé

No se si involuntariamente, he bloqueado recuerdos de mi infancia, los que tengo no me llenan de jubilo,, por lo menos no es la sensación que experimento cuando vienen a mi mente, en pocas palabras no la repetiría, hubo muchos momentos es los que me sentí invisible para mi entorno, me relacionaba con otros niños, pero solo tenia una "mejor amiga" josefina, le decíamos "pepe" nos llevábamos muy bien, solo con ella jugaba a las muñecas, porque las de ella eran las que me gustaban y estaban a mi alcance, se pusieron de modas las muñequitas de

papel, me gustaban un poco mas, a tal grado que cambie
en la escuela prendas de oro valiosas que había heredado
de mi mamatia Carlota, por dos de ellas, en realidad, se
que fui inquieta y "malcriada", no me gustaba usar botas,
solo sandalias, odiaba comer, solo me gustaban las frutas
y los jugos, y lo que menos me gustaba era dormir,
nuestra casa tenia cucarachas y de allí nació mi fobia por
ellas, que logre superar después de los 60 anos de edad,
gracias a los talleres Insight. Después de cumplir 5 anos,
experimente más alegrías por cuanto nacieron los dos
primeros hijos de mi Lapita: Félix y Pedro, en los
siguientes años disfruté ampliamente de jugar a lucha
libre y a vaqueros con mis primos, definitivamente están
ligados positivamente a mi infancia, los amo
entrañablemente. Mi paso de niña a adolescente, lo puedo
describir como un túnel oscuro, llena de confusiones, de
interrogantes, en esa época se muda Olga (mi amada
prima) con su esposo, hijos y madre, me sentí
abandonada, quería morir, me refugie en oír música, y
crear fabulosas historias en mi mente, pasaba horas de
soledad, ir al Liceo, no me atraía, sentía un entusiasmo
dentro de mi que no sabia como encausar, y que mi
familia veía, como manifestaciones indebidas, locas, fuera
de lugar para la época; como salir a pasear con amigos,
querer bailar todos los fines de semana, ir de excursión,
montar bicicleta, querer incorporarme a un grupo de
Danzas Florkloricas Venezolana, donde se inició nuestra
famosa Yolanda Moreno, el grupo era El RETABLO DE
LAS MARAVILLAS. En fin tantos adjetivos
descalificativos dirigidos hacia mi, llevaron mi
auto-estima al suelo, no tuve la voluntad, y esa era mi
responsabilidad para defender mis sueños, fantaseaba
mucho, sentía la sensación de estar de paso en esa casa
con las personas que me rodeaban, la sensación de ser
una extraña en mi medio familiar siempre la tuve, hasta el

momento no se el porque. Mi abuela materna, la que se constituyo en mi madre, era una mujer de carácter suave, tolerante, un tanto sumiso, muy generoso, pero verdaderamente desvastada por el sufrimiento de haber perdido a sus dos hijos, mi tío Cipriano, nacido antes que mi madre Graciela, y a esta ultima de apenas 25 anos de edad, como consecuencia del parto mió. Solo después de hacerme adulta y Madre, consideré y aprecié lo que mi abuela Lastenia hizo tanto por mi como por mi hermana Maria, solo con el paso del tiempo y a través de mis propias experiencias valoré lo grande que fue esa Mujer, con aciertos y con errores, contribuyó a mi experiencia de vida, en mi hoy me atrevo a decir que lo mejor de mis sentimientos y valores se los debo a ella sobretodo, la compasión y la solidaridad para con el prójimo. Practico la caridad sin distingos de clase social, o raza. Yo procedo de familias tanto paterna como materna numerosas, pero crecí desvinculada de ellas, mi circulo familiar se redujo a no mas de 10 personas, y aun así bastantes desunidas, hubiera deseado que no fuera así. Conozco muy poco de mis antepasados, siempre los rodeaba un secreto o misterio absoluto, soy de un origen entre vasco y canario (Arrivillaga- De La Rosa). En fin continuemos con mi infancia, hasta los 10 anos me orine la cama, para mortificación de mi pobre abuela, y a esa misma edad, pienso que prematuramente, tuve mi primer ciclo menstrual, para mi fue un hecho traumático, de repente y sin explicación alguna, verme con una toalla sanitaria que para esa época parecía un ladrillo de algodón compacto horrible, deteste esa experiencia, como también usar brazier, esto ultimo hasta el presente no lo he podido superar, detesto el brazier, solo recuerdo que me dijeron que quedaba terminantemente prohibido jugar con varones, sugerencia a la que nunca obedecí, hasta la fecha me encantan los varones, y mas jugar con ellos, jajaja, como les he dicho en mi adolescencia me debatía entre la depresión profunda y el entusiasmo por bailar cha cha cha y rock and roll. De tal manera, que en oportunidades me escapaba de noche cuando en mi casa dormían para irme a bailar con 3 amigos belgas que tenia; George, Rolan y jack Delack, recuerdo que en unos carnavales en un hotel muy famoso del litoral guaireño, ganamos un concurso de Rock, Jack y yo, y al día siguiente aparecimos reseñados en un diario capitalino, no les quiero contar lo que paso cuando lo vio mi hermana Maria, el caos total. Mas adelante por razones económicas nos mudamos al Estado Táchira en Los Andes venezolanos a vivir con mi amada prima Olga y su familia, al cabo de unos meses mi abuela y me hermana se regresaron a Caracas, y yo me quede allá, me sentí liberada, fue una época buena para mi, tenia muchos admiradores, allí fue mi proposición de matrimonio de Domenico (el italiano), posteriormente regrese a Caracas, y fue allí donde me enamore de quien creo significo mucho para mi, fue mi primera y gran decepción amorosa, mi familia se oponía a esta relación por cuanto mi novio tenia ascendentes de la raza negra, me mandaron de nuevo al Estado Táchira, pero ahora con el acuerdo de que me internaran en Bogota-Colombia, en un colegio de monjas, pude evadir esto y quedarme en San Cristóbal por un años y medio mas, allí estudié Secretariado Ejecutivo, y de nuevo volví a Caracas a vivir con mi hermana y mi abuela, deje de estudiar y mi vida se repartía entre la casa e ir todas las tardes a la iglesia San Rafael de Chacao a las cuarentenas de San Judas Tadeo, de alguna forma un vecino nuestro llamado Tonino también italiano se enamoró de mi, me mandaba, chocolates, flores y hasta una muñeca, cosas que me obligaron a devolver con el emisario, al paso del tiempo mi vida estaba mas controlada por mi hermana, quien se constituyo en mi representante con solo 4 anos y medio mas que yo,, esta situación definitivamente empaño mucho mi adolescencia y juventud, comencé como maestra suplente en un pre- escolar en el Grupo Libertador de chacao, y a escondidas comencé de nuevo amores con Luís, por el que me habían mandado para Colombia, en una oportunidad mi hermana nos sorprendió caminando juntos cerca del colegio, y me costo un disgusto grandísimo con ella, con cachetadas y todo, frente a mi enamorado. Decidí huir con Luís en la madrugada siguiente, pero no tuve el valor, me devolví a mi casa donde ni cuenta se dieron. Así recuerdo mi juventud muy controlada, llena de desconfianza hacia mi, asistía a fiestas pero siempre bajo la supervisión de mi hermana, esto trajo como consecuencia un abismo entre las dos, que se profundizó mas cuando salí en estado de mi hija, finalmente dejamos de vernos y tratarnos hasta la presente fecha lamentablemente, creo que tanto ella como yo fuimos victimas de las circunstancias, no le guardo rencor alguno, desde muy pequeña ella asumió que mi nacimiento coincidía con la ausencia de nuestra madre, esto creo que fue traumático para ella, siento un gran amor por ella y por sus hijos, mis adorados sobrinos, a los cuales ella formo con amor, y dedicación, hoy día son seres humanos extraordinarios, como padres y como profesionales, siento en especial una gran admiración por mi sobrino Francisco Jesús, un ser extraordinariamente ejemplar. Continuando con mi vida, intente ponerle termino, pero falle Dios me quería allí, doy gracias nuevamente por ello, a los 22 anos quede embarazada y me hice cargo de mi vida, sola sin familia y sin tener idea de que iba hacer, a los 23 tuve a mi niña bonita Nayibe, mi primer motor, me inyectaba de la energía necesaria y mas, para seguir adelante, me devolvió el deseo de vivir, me lleno todos mis vacíos, por primera vez, me sentí útil, le tome sentido a mi vida, y aun en medio de todos mis problemas, me sentí feliz. A los 25 anos conocí al padre de mi segundo y ultimo hijo Juan Carlos, a los 26 lo tuve, constituí mi hogar con ellos, llenos de privaciones económicamente, improvisando, sin Manual, ni mayor orientación, mi vida transcurría como mujer joven, madre soltera, que en esa época era pecado mortal, motivo de excomulgacion, me costo entre otras cosa un alto precio social con mi familia y amistades de infancia, no debía ser invitada a los matrimonios de las que fueron mis compañeras de infancia y de estudios, yo era muy mal vista, a muchos le costara creerlo y eso amigos, en los años 65 y 68, así lo viví, intente con lo que tenia y podía, ser madre, ser proveedora, y a golpes y decepciones seguir siendo mujer joven con sueños y renuncias; hoy les confieso que no se si cumplí bien alguno de esos roles, lo que si les puedo asegurar es que Dios siempre estuvo conmigo, conté con una gran amiga, la madrina de mi hijo Juan, quien había estudiado conmigo bachillerato, nos reencontramos, ya como mujeres, ella divorciada y con un hijo, y yo bueno ya saben sola y con dos, esa amiga fue incondicional conmigo y con mis hijos, mas que una hermana, por ella conocí, a F.F, quien fue su pareja por muchos anos, El se constituyo hasta el presente en la expresión mas hermosa de lo que es la amistad, fue mi amigo, mi hermano, mi compañero, mi confidente, maestro y discípulo, me llena de ilusión morir y reencontrarlo. En fin reflexionando hoy sobre mi adolescencia y juventud, concluyo que mi mayor problema fue no tener proyectos de vida claros, a lo mejor y no queriendo justificarme, fue por esa sensación de partida que me acompañaba, estaba siempre, esperando irme sin saber adonde, que acertado el apodo con el que me identificó Fernando "LA NOMADA", como el decía, "en el amar y en el vivir", nunca planee ni soné en

casarme, graduarme en algo, lo único que recuerdo desear
siempre y lo logre Gracias al Creador, era tener hijos, a lo
mejor en otras circunstancias, hubiera tenido por lo
menos 6 o mas. A veces me ubico en esa época y creo que
yo fui una hippie prematura, solo quería bailar, correr,
errar, y ya con muchas inquietudes hacia lo esoterico.
Tenia una tía-abuela que era vidente, con características
psíquicas extraordinarias. Me gustaba escucharla hablar,
y viéndola a ella leer las cartas, comencé a hacerlo yo
como a los 19 años, y sin estudio previo, ni conocimiento
real de lo que hacia, atinaba en todo lo que decía, pero
bueno este material se los dejo para otro capitulo.
Continuando con mi juventud, que se debatía entre los
papeles de mujer y madre, visite a muchos psicólogos que
me orientaron y terminaron siendo grandes amigos míos,
fue incondicional conmigo un medico de origen libanés,
que siempre estuvo enamorado de mi pero yo solo lo veía
como amigo, una excelente persona que me propuso darle
el apellido a mi hija, antes de que tuviera a mi segundo
hijo, no lo acepte, porque para mi fue y es irrelevante eso
de los apellidos, si es por organización social, permítanme
decirle que hoy mas que nunca compruebo que poco le ha
servido a la sociedad humana latino-americana con gran
influencia española tanto convencionalismo social, sin una
verdadera base de principios y no de prejuicios; ese
médico decía amarme, pero me explicaba que no se podía
casar conmigo aunque lo deseara por yo no ser virgen, y
encima madre soltera, aclaro que mis dos hijos son hijos
de dos hombres también de orígenes árabes, mi amigo
Fernando F., decía;" no manden a la nómada a comprar
telas, porque cualquier turco o árabe me la enamora
jajajajaja. Con sinceridad les manifiesto que pase de
primera juventud, a segunda juventud sin darme cuenta
con muchas más experiencias amatorias, laborales, y para
ud de contar. Al fin llegue a los 50, ¡Aleluya!, llego el

inicio de la menopausia, me sentí libre, no mas período, no mas pastillas anticonceptivas y sobretodo, pensé otra vez ilusamente, voy hacerme invisible para el sexo opuesto, no mas pasión ni decepción. Entre las actividades en mi taller de manualidades en la California Norte en Caracas, el orgullo de ver a mis hijos maravillosos realizarse como profesionales del Derecho,, el matrimonio de mi hija Nayibe, y la ausencia de pareja, me sentí feliz y en paz. Se preguntaran como siendo eternamente enamorada del amor y muy apasionada, deseaba pasar desapercibida para el sexo opuesto, bueno les comento, no encontré en mis relaciones lo que siempre sentí que merecía, el amor como lo concibo y el sexo pleno, es lamentable que tantos y tantas no se abran a recibir tan maravilloso regalo del Universo.

Quiero dedicar un espacio para compartir acerca de mi ciudad natal, Caracas, capital de Venezuela, ciudad Hermosa, noble, de clima gentil, un hermoso valle tendido a los pies del mas hermoso cerro del mundo, mágico y vital en su energía, rico en su vegetación y su fauna, el cerro del Ávila,(Apocatepe) en lengua indígena, indiscutiblemente así como señalo lo adverso que viví en mi adolescencia y primera juventud en un país con gran influencia española, lleno de prejuicios y paradigmas, también señalo que disfruté de un entorno educado, armónico, respetuoso, de pobladores caraqueños con un sentido de ciudadanía, que respetaba y cumplía con el "empeño de la palabra" se hacían negocios en base a ella, en las escuelas publicas, nos motivaban a través de la historia, geografía, y cívica a conocer nuestra historia, a amarla, respetarla y disfrutarla a través de sus tradiciones, de su música de sus hijos insignes, enriquecían nuestra cultura general, despertaban en nosotros el maravilloso hábito de la lectura, de las manualidades del arte, conocíamos de nuestra música, sus compositores y cantantes a través y de forma amena en actos culturales, para los que nos preparaban con clases de canto, baile e interpretación de instrumentos musicales, como el cuatro, el arpa, maracas, era obligatorio aprender a bailar nuestra música típica, el joropo llanero, el golpe tocuyano, el porro central, el merengue aragüeño, el polo oriental, el galeron, con sus contrapunteos. En cuanto a la comida, siendo yo descendiente de Vascos, el menú en mi casa era altamente variado, mi abuela materna que nos crío a mi hermana y a mi, era una mujer con muy buen sazón, disfrutaba de cocinar y así como preparaba comida vasca-española, también se lucia cocinando comida típica venezolana de diferentes regiones, no solo de Caracas, sus hallacas centrales insuperables, "multisapidas" como decía Rómulo Betancourt, pionero de la democracia en nuestro país, arepas, de chicharrón, de queso, blancas puras, arepitas dulces con anís y papelón, hallaquitas de chicharrón, bollitos de cambur (elaborados con plátano maduro y papelón), asado negro, el famoso pabellón criollo, la polenta, el "cuajao", o pastel de chucho, la olleta de gallo, el mondongo, el tarkari de chivo tierno y pare Ud de contar. Esto contribuyo a mi cultura gastronómica cuando me hice adulta, de niña y adolescente solo me gustaban las frutas y los huevos de gallina salcochados sin sal, pero si tuve el privilegio de conocer y disfrutar de las costumbres y tradiciones caraqueñas, desvirtuadas con el tiempo por los mismos venezolanos, quedando solo en el recuerdo de algunos que amamos a nuestra ciudad natal, sin aspavientos desgarradores de patriotismo, en mi hoy encontrándome lejos de ella y con la convicción de no volverla a ver, no creo que cronológicamente tenga la oportunidad de visitarla o volver a ella, en este proceso de cáncer Terminal que padece, y, para su sanación y recuperación tendrán que pasar muchos años, y a mi no me place visitar cadáveres, no me gusta asistir a cementerios, prefiero conservar la magia de sus calles empinadas de la parroquia La Pastora donde nací y viví hasta mi adolescencia, su clima incomparable por su ubicación a los pies del "Ávila", mi cerro amado, por donde tantas veces camine embriagándome con el olor de sus flores, sus montes de pasote y llantén, comiendo hierba-mora, frutilla que me deleitaba, conservar también la alegría de sus gentes, los famosos carnavales, el silencio de sus tardes que se hacían eternas cuando jugábamos en la calle, (sobretodo yo) que contrario a mis amiguitas, disfrutaba de jugar con mi especial amigo Luís A, papagayos (cometas), gargaro y policía y ladrón, y de manera especialisima, nuestras fiestas todos los sábados, bailando por mas de 8 horas con muy pocos descansos, mi gran pasión bailar, siempre he sido un trompo, lo sigo haciendo todos los días después del desayuno en mi taller de pintura, siempre seré "la caraqueñita" como me decían en los andes, mis amigos cuando viví allí, y aquí en el ahora, soy su exponente, le expresión viva y sentida de la mujer caraqueña" "querendona", calida, alegre, con un corazón de "casa de vecindad" como me calificaban siempre por tenerlo tan amplio que su espacio es infinito para albergar amor "para todos", eso se aplica de diferentes maneras por eso también es que me llaman "La Nómada". También conservo la picardía de nuestro humor incomparable, tengo el chiste a flor de labios aun en situaciones difíciles, me gustan los "doble sentido", el humor inteligente que sabiamente y con orgullo, reconozco en hombres como Laureano Márquez y Emilio Lovera, a quienes disfruto en sus presentaciones. Llegue a este país para algo, y entre ello, para dar a conocer la esencia noble de mi ciudad natal Caracas, y de mi país Venezuela, repito creo en los procesos, y acepto que solo a través de la nada se alcanza el todo. Y al igual que individualmente, nos toca crecer, a los pueblos también como resultado de la sumatoria de sus individuos. Quedan en mi ciudad natal muchos seres amados, familiares y amistades, con quienes mantengo contacto constante, por unirnos mas allá de la distancia geográfica, nexos de amor eterno, afectos avalados por la sinceridad, la solaridad la tolerancia y el respeto a pesar de nuestras diferencias temporales como seres humanos, elegímos nacer en un lugar determinado, como parte de nuestra misión, y esto obedece a "un para que". Yo soy Caracas, su alegría.

Graciela De La Rosa
(La Nómada) 25 años de edad.

CAPITULO II

PAREJAS

Al entrar a este tema, surge una pregunta ineludible, ¿porque no tengo pareja? Es difícil tener una respuesta, yo no la tengo para mi, me hice esta pregunta muchas veces, entre relación y relación, entre amores y despechos, entre alegrías y llantos, mis relaciones fueron muchas, variadas, no se porque razón en mi no se instalo el programa, que me condujera establecer una con cierta estabilidad, como la forman muchos, recuerdo que estando muy joven me preguntaba a mi misma como se establecerá un noviazgo?, tuve muchas conquistas como solía decirse en aquellos anos finalizando los 50 y ya en los 60, me agradaba ser cortejada por muchos, y ya con l8 anos, un joven italiano que me gustaba mucho, me pidió que nos casáramos, y yo le dije que si, pero sobre mi pesaba la advertencia de mi abuela y familia que no debía casarme antes que lo hiciera mi hermana mayor (creencias españolas), que pesan como una roca les hago el cuento corto, deje al hombre con los ojos claros y sin vista y sin mayor explicación le dije que lo dejáramos así; fue un mal comienzo en mi vida sentimental, me arrepentí de eso muchas veces, posteriormente conocí al que me haría conocer mi primera traición y decepción, luego y por ser tan joven y dado mi carácter alegre y lleno de entusiasmo, seguí acumulando conquistas, hasta que conocí a los 22 anos a un hombre que me llevaba 13 anos de edad con quien tuve mi primera experiencia intima, y de quien tuve mi primer hija.. Aquí se inicio, la novela de mi vida, por no estar casada, exploto el gran caos familiar, no me lapidaron de vaina, me pidieron que me quitara el apellido, tanto familia paterna como mi hermana (ya mi abuela había muerto recién, ella no vivió eso), me cayeron encima, me botaron de la casa, y entre maldiciones e insultos empecé a rodar. A pesar de lo negro del panorama, les puedo asegurar que, Dios siempre esta presente, el nos ama en cualquier situación, y me regalo el milagro de ser Madre, lo disfrute, lo repetiría, si volviera a nacer, surgieron como siempre en mi vida esa familia a la que no te une la sangre y que es incondicional, las amistades, y por encima de todo y de todos, la persona que despertó en mi la ternura desde niña, y que me amo incondicionalmente, con mis errores, con mis locuras, con mis sueños, mi Lapita., una prima que se me adelanto al viaje de regreso a casa. La próxima relación, 2 anos después con quien tuve mi segundo y ultimo hijo, se repitió la historia en cuanto al "apoyo y responsabilidad" del hombre en nuestra amada Venezuela. Yo fui muy desacertada al elegir hombres en mi vida, entre los regulares siempre escogí el peor, a veces hasta repetía jajaja, no voy a enumerar mis relaciones, pero créanlo fueron muchas y variadas, nombre las mas trascendentales porque me dejaron dos hijos, al resto les agradezco lo que aportaron a mi experiencia de vida, pero lo que si les puedo asegurar, es que en mi hoy agradezco al Creador, no tener a ninguno de ellos a mi lado ¡Gracias Padre! No conocí el amor de Padre, pues el mío al quedar viudo, se alejo con una nueva pareja y lo vi, muy pocas veces en mi vida, a lo mejor psicológicamente eso influyó pero no creo mi hermana se caso y lleva mas de 40 anos de casada con el mismo, confieso no he sentido el amor de un hombre jamás, pero como dije anteriormente no ser amada por un hombre es una calamidad, pero no amar a algún hombre es una desgracia, y yo ame. Siempre he sido muy observadora de nuestra conducta humana, y viendo mi entorno, y por muchas evidencias y confidencias de personas amigas, allegadas de diferentes sexos, siento y pienso, que una gran mayoría estamos solos, aun las parejas, y reflexionando al respecto, creo que en los momentos que vive la humanidad, en estos tiempos tan especiales e interesantes, donde se ha despertado tanto y tan variado interés por lo esencial, es cierto estamos siendo testigos de la presencia del Espíritu Santo, ese soplo de Dios en cada uno de nosotros, que nos inspira creamos o no, queramos o no, a hacernos cargos de nuestra propia y única responsabilidad, nosotros mismos, nuestra vida, nuestro proceso de crecimiento integral. Nunca he creído en lo de la media naranja, no creo que Dios, mandara mitades para que se complementaran entre si, para mi la pareja la forman dos todos en proceso de crecimiento y desarrollo vía hacia la realización; solo así, consciente de esto, surge y se sostiene, el respeto, la complicidad, el entusiasmo, la confianza y la pasión encendida. Así concebí a la pareja, ese amigo, ese amante, ese cómplice con quien compartir con respeto y con ternura nuestras mas intimas miserias errores o pecados, entre dos personas así, no hay espacio para la rutina, el hastío, la competencia ni la frustración, alguien con quien cada día sea un aula abierta a la enciclopedia de la vida, y cada noche una comunión intensa, mágica, donde dos cuerpos se unen, integrando dos esencias en una. Repito una vez mas creo en los procesos, y las experiencias en mi vida, en mis personales circunstancias, incentivan mi sensibilidad al amor y al sexo, mis convicciones al respecto son cada vez mas claras, creo en el Amor y en ese regalo que solo Dios pudo crear y darnos como lo es la intimidad carnal con la fusión de esencias, que aunque sea por instantes nos hace Uno, estas dos fuerzas están en mi por ser parte de la fuente infinita de la Creación de la Vida, Intuyo que esto lo alcanzare en otra dimension.Concluyo esperando al hombre que nunca llego, ese con quien soñé compartir los sueños y los pecados, el día y la noche, continuara siendo entérico y será mi mas preciado equipaje para mi infinito viaje a la eternidad, el sueño de encontrarlo.

CAPITULO III

MITOS SOBRE EL SEXO

Yo no soy sexóloga, no estudie para eso, mis conocimientos fueron teóricos, como en la mayoría de mujeres, fue domestico, por comentarios, actualmente para la mujer se ha abierto un sinfín de alternativas y posibilidades de información al respecto. Pero me gustaría compartir mis conclusiones sobre el tema, basadas solamente en experiencias prácticas, dado que mis relaciones fueron abundantes y variadas. Comienzo diciendo y partiendo de la cultura latina de donde provengo, que me explico ahora, el porque de la insistencia de la bendita virginidad hasta después del matrimonio, me recuerda el chiste de "sin velo, o con velo", amigas era un truco masculino, sin experiencia no hay puntos de comparación,.cabe citar esas palabras sabias que dicen "el hombre le tiene miedo a la mujer que- no tiene miedo, sabían que en el momento en que la mujer descubriera sus herramientas en la materia, sus facultades, su privilegiada anatomía, ellos tendrían que dejar de ser básicos, elementales y egoístas, sin embargo han inventado ahora como mecanismos de defensas el sexo en tríos o grupos, y algunas mujeres siguen de tontas creyendo que es un avance y modernismo, no amigas, no es así, es que no pueden con una seguido, no tienen creatividad, originalidad, y su idea de que el sexo es solo genitalidad, los limita, recuerdan a Emeterio, Macario y Secundino?. Creo que las generaciones recientes y actuales deben tener otro criterio al respecto, en eso confío, pero hablemos de los mitos, el fuego, lo apasionado, supermacho del hombre en Latinoamérica, aunque sea hijo de inmigrantes por razones de cultura alardea mucho, se ufana de tener muchas mujeres, pero no aguanta a una sola que ejerza bien sus facultades, les dimos cuerda y se enredaron. Libérense de esos mitos, amigas, no del arte de ser dama, del derecho de ser amablemente tratada, conózcanse, explórense, en nosotras yace esa magia de conexión entre el cuerpo y el espíritu, que es lo que hace el acto carnal sublime, excitante enseñen a sus parejas quienes también tienen esa magia, pero difícilmente la aceptan, porque dejarían de ser los mas bestias y rudos, los que según ellos llevan la batuta, nada mas falso, es mas fácil, mantener la boca abierta por mas tiempo, que el dedo índice de una mano por el mismo tiempo levantado, además nuestro sexo esta en la mente conectado con nuestro espíritu les repito, traten de reeducar al hombre en relación a esto y serán todos mas felices. No es fácil encontrar un buen amante, lamentablemente ellos se inician con sexo mercantilizado, rural, o guiado por otro (el padre casi siempre), quien es a su vez un analfabeta emocional en cosas de relaciones intimas, y a nosotras como madre se nos complica ser guía en esta materia, por lo menos a las de mi época, ahora las mujeres tienen mas recursos para orientar a sus hijos en relación a su intimidad.

No hay un manual para vivir, y tampoco para establecerse como pareja, o a lo mejor si?, y yo no lo tuve, la variedad me conduce a pensar que fui yo quien quizás inconscientemente elegí estar sola; y a veces me sorprende que esto no me hace, sentir ni frustrada ni arrepentida.

En mi hoy, mantengo intactos en mi el romanticismo, la magia y la pasión, solo en el físico se refleja el paso del tiempo, y aun así la actividad física ha disminuido muy poco en mi, de nuevo elevo mis brazos y dijo; ¡GRACIAS PADRE!

CAPITULO IV

MATRIMONIO

Al abordar este tema, no lo hago desde mi experiencia personal, por cuanto jamás me case, pero podemos hablar de comidas sin ser chef, y de muchos otros temas de los que conocemos sin estar directamente inmersos en ellos, el matrimonio como institución, de alguna manera nos involucra a todos. Observando a mi alrededor variados tipos de parejas debidamente casadas, durante muchos anos de mi vida, dentro de mi familia, entre mis amistades, vecinos, me llama la atención, el deterioro común entre ellos, la queja constante que refleja insatisfacción rutina, decepción, en sus relaciones intimas se ha perdido la pasión, como individuos están llenos de frustraciones, no son solo apreciaciones mías, las estadísticas de divorcio aumentan cada día mas. A mi humilde parecer, el Ego del humano, en su afán de control y dominio, tras la mascara del orden y la organización social, sustento las bases de esta institución, solo con conocimientos, religiosos, sociales y económicos, amigos no solo eso cuenta, se olvidaron de lo mas importante: "somos espíritus en experiencias humanas", por lo tanto sujetos al cambio constante, resultando que si no hay compromiso esencial con nosotros mismos, no hay reglas o leyes que nos obliguen a lograrlo con alguien mas.

Como Mujer me toco vivir la experiencia de ser juzgada y sancionada, por haber cometido la infracción social de salir embarazada, sin estar debidamente casada, mis partos, fueron celebrados y motivos de alegrías solo para mi, y mi siempre presente y amada Olga. Mi familia totalmente ausente, los padres correspondientes de mis hijos, carecían del más elemental instinto de paternidad, perteneciendo ambos a una clase social-económica media-alta, con estudios, y familias respetables, nunca se responsabilizaron por sus hijos. Les recuerdo que todo eso aconteció en la década de los anos 60, en un país sub.-desarrollado, con arraigadas costumbres y prejuicios españoles. A medida que transcurrió el tiempo, la vida me dio la oportunidad de conocer a los que se constituyeron mis jueces; en una sociedad hipócrita, donde los hombres ""honorables", en su mayoría, tenían y ejercían doble moral, sembrando hijos fuera de sus hogares legales, mujeres respetables "señoras casadas", frustradas por los engaños de sus parejas, ausentes de sus propias vidas, representando un papel triste por demás de renuncia a sus mas elementales derechos como seres humanos y como mujeres, por conservar un "Status". Amigos, esto aunque parezca duro, es una verdad, que arrojo como resultado el mundo que tenemos. Cacarean principios y valores, pero es falso, son prejuicios y tabúes, que esconden sus insatisfacciones y más bajos instintos. Me llama poderosamente la atención, oír discusiones y opiniones acaloradas, sobre el tema del homosexualismo y el aborto, lo controversial que les resulta a muchos, aceptar que dos hombres o dos mujeres constituyendo una pareja puedan tener "el derecho" de formar un hogar y criar un hijo, temen por los resultados, adelantándose a concluir que es negativo, degenerativo. Y me pregunto, ¿cuantos seres humanos somos el mejor resultado cómo tales, formados por parejas heterosexuales? ¿Cuantas mujeres guardan como sus más preciados secretos, abortos clandestinos? No soy participe de los extremos, repito una vez mas, que creo en el equilibrio como Ley Universal, no me constituyo en bandera de ningún grupo, pero creo que debemos abrir nuestras consciencias desde la honestidad, siendo mas coherentes con lo que pensamos, decimos y hacemos. Recientemente leí algo interesante, que comparto con Uds.: "Es fácil quitarse la ropa, y tener relaciones......la gente lo hace todo el tiempo". Pero abrirle tu alma a alguien, dejarle entrar en tu espíritu, pensamientos, miedos, futuro, esperanzas, sueños.......Eso es estar desnudo, y solo desnudos Somos y nos entregamos.

CAPITULO V

MIS HIJOS- MI FAMILIA.-

Cada Ser, tiene su propio proceso, mas inexorablemente, todos alcanzamos un estado de consciencia en un momento determinado, donde vemos y aceptamos con claridad, nuestra misión de vida, estas están entrelazadas de acuerdo al Plan Divino, sin imposiciones, respetando en cada uno de nosotros, el libre albedrío. Yo hoy plena de amor y agradecimiento contacto con los lazos que nos vinculan, a mis hijos Nayibe Carolina y Juan Carlos conmigo; las circunstancias y escenarios en que se realizaron nuestros encuentros, una vez mas dijo son anécdotas importantes para la realización de los mismos, simplemente eran las ideales, para el crecimiento respectivo de cada uno de nosotros, sin duda alguna esta experiencia para mi es la mas trascendental de mi vida. Esta relación Madre-Hijos-Hermanos temporales en un mismo sendero, es una enciclopedia de informaciones, donde hábilmente los respectivos Egos intervienen a veces, poniendo a prueba a nuestra sabiduría interior, que de manera fluida y armónica, finalmente florece victoriosa y nos hace celebrar airosos el milagro del Amor, del éxito de reconocernos como piezas valiosas y significativas del mismo rompecabezas cuyos fragmentos misteriosamente deben ser de aparentes diferentes formas para que puedan encajar a la perfección, haciendo el Todo Ideal. He sido bendecida muchas y constantes veces, pero extraordinariamente al permitirme ser seno y vehiculo, para aportar a la humanidad a estos dos seres maravillosos: Nayibe Carolina y Juan Carlos, ellos han sido motores que han activado, mi valor, mi fuerza integral y mi entusiasmo, sustentaron mis experiencias como mujer y como madre, a las cuales aportaron a través de sus diferencias, errores y aciertos, fui doblemente premiada con dos Maestros, que a pesar de mis limitaciones, me hicieron conocer y alcanzar, la ternura, la tenacidad, la coherencia, el valor y sin percibirlo a veces la Fe, hoy entiendo a cabalidad que habiendo vivido situaciones difíciles temporales de carencias, humillaciones y señalamientos, nunca me amargué, no quedaron en mi rencores o arrepentimientos, siempre estuve y estoy con un Ángel de cada lado. ¡Gracias hijos!,.-Nayibe Carolina: hermosa niña desde su nacimiento, dulce, obediente, amante de la escuela, de especial y fácil sonrisa, acepto la llegada de su hermano amorosamente, siempre presta a protegerlo. En su adolescencia un tanto rebelde, fiestera, enamoradiza y contestataria, y como parte de esa etapa, un tanto antagónica conmigo, sin excesos. Firme y consecuente en sus metas, algo de lo que yo no me daba cuenta, ya se gestaba en ella, la firme personalidad y la templanza de la mujer integral en la que se convertiría, nuestra relación no fue la mejor, tuvimos que crecer las dos en nuestros respectivos senderos para lograr mejorarla a través de la única fuerza y verdad el AMOR, las dos tenemos personalidades bien definidas, ninguna mejor que la otra, somos dos energías plenas de luz, en diferentes experiencias humanas, unidas como almas por misiones de las que no guardamos mayor memoria, pero que respetamos y aceptamos cumplir a cabalidad como parte del Plan Divino, De su primer matrimonio con L.S, a quien aprecio profundamente, (aunque el se resista), hombre formado en un hogar sencillo y noble, con padres honestos, a los que también amo y respeto profundamente, nació a quien llamo dulcemente mi debilidad, mi primer nieto Daniel Enrique, para mi representa, el sosiego, el equilibrio, la serenidad profunda y misteriosa del mar, al que El ama, continuando hablando de mi hija, les comento que en el momento mas crítico de nuestra relación, aprendí que me correspondía a mi aceptarla sin importar lo que mi Ego en aquellas circunstancias me dijera, y pude guiada por el único Maestro Jesús, entender que solo movía mis emociones, la frustración en mi de no haber tenido el coraje que ella si demostraba de luchar por lo que deseaba alcanzar. La admiro profundamente, como ser humano, como mujer y como madre, es excepcional, definida y decidida. Ha sido un privilegio para mí compartir de manera tan especial con ella el sendero de mi proceso. Gracias Mi niña Bonita. TE AMO. De su segundo matrimonio con Mike otro ser humano a quien aprecio, y quien con sus complejidades como las tenemos todos, aporta importantes y trascendentales experiencias y lecciones en el desenvolvimiento de todo este Plan Divino a nuestras vidas, de esta unión, nació como bendición Mi Ángel Azul, mi Sebastián, con una luz especialisima, que a veces encandila su entorno, este es un Ser con una preparación natural y sensibilidad, difícil de captar por los que no han descubierto dentro, de si mismo el Poder de la Divinidad que albergamos. Mas adelante hablare de el. Definitivamente dejaremos de preocuparnos, cuando entendamos que el tiempo es una medida de orden, creada por el hombre, pero el "tiempo perfecto" es de Dios, aunque a veces por las limitaciones con que insistimos seguir siendo programados, nos resistamos a ello.

Ahora continuo hablándoles de mi Segundo y especialísimo hijo Juan Carlos; como les comente anteriormente, no importa las circunstancias en las que llegue un hijo a tus entrañas, todos tiene una misión en común, hacerte AMOR, a través de la ternura, responsabilidad, y entusiasmo que aportan a tu vida, este nuevo Maestro, ha sido un excelente compañero, a veces amigo, y otras muy analítico, de niño inquieto, precoz, extraordinariamente inteligente, con un sentido de responsabilidad alto, de adolescente nuestra relación no fue afectada, siempre lo he sentido muy cercano a mi, al paso del tiempo el desarrollo de su personalidad de adulto, sigue siendo la de un Ser con mucha sensibilidad y afectividad. Respeto y admiro en el la capacidad de organización y planificación, de la que yo no podría presumir, Su aporte a mi vida, es altamente significativo, por el apoyo que incondicionalmente me brinda, tenemos ciertas afinidades, pero también diferencias, nuestros Egos a veces se enfrentan, pero terminan reconciliándose nuestras Esencias, ha contribuido a mi crecimiento esencial, a través de sus conversaciones, recomendaciones y sugerencias de talleres y otras herramientas, cuando hablo de mis hijos, mi intención no es analizarlos ni describirlos cabalmente, eso es imposible, no me corresponde, estoy todavía en el proceso de conocerme a mi misma, solo puedo decir que representan la mayor demostración de que Dios me ama, por concederme el privilegio de permitirme ser el vehiculo para traerlos a este plano. He compartido más tiempo de vivencias con mi hijo Juan Carlos, y les comento que en muchas oportunidades me ha sorprendido la capacidad de Fe y nobleza que posee, lo vertical de su comportamiento en consecuencia de sus principios, su perseverancia y actitud ante situaciones difíciles de manejar. Su amor por nuestra familia es excepcional, siempre dispuesto al apoyo

incondicional para conmigo, su hermana y sus sobrinos,
su nobleza suele crecerse ante la necesidad de quien lo
precisa Puedo concluir sin lugar a dudas, que celebro
estas dos bendiciones en mi vida, reconozco en ellos sus
propios meritos, lo único que yo aporte fue AMOR, pero
humanamente lleno de errores, y carencias, simplemente
estuve y estoy siempre donde ellos me precisen, no solo
estuvieron en mis entrañas, están implícitos en mi YO.

MIS NIETOS.- DANIEL ENRIQUE Y
SEBASTIAN.= ....Tengo mucha facilidad con las palabras,
pero les confieso que al tratar de describir lo que estos
dos seres me inspiran, me quedo corta, es una sensación
de navidad eterna, de alegría, de recibir y abrir regalos y
mas regalos, no de ser niña nuevamente, es de no dejar
de serlo jamás, es despertar con la luz del sol tibio en el
rostro, es contemplar un firmamento estrellado, cuando el
cielo se torna azul intenso casi negro, es corroborar que
Dios esta conmigo. Y nuevamente ¡Gracias Padre! De
ellos puedo comentar sentires: Daniel Enrique, ya les dije
como el océano, profundo, misterioso, aparentemente en
calma, con la serenidad y lo atractivo de lo desconocido,
con un respeto y amor hacia los animales extraordinario,
honesto, prudente, brillante en sus actividades escolares,
destacado en lo que se propone hacer, con sensibilidad
musical maravillosa, "Es mi debilidad, mi dulce debilidad".
–Sebastián, mi Ángel Azul, es una especie de alianza
armónica, que nos unifica como familia y con el Universo,
entusiasta, inquieto, es una manifestación Divina de la
Nueva Era, un hermoso Maestro que nos trae mensajes
de aceptación, de cambios, y sobretodo de AMOR
INCONDICIONAL., calido, expresivo, afectuoso,
con una luz que a veces encandila, y que muchos en su
entorno no están suficientemente despiertos para aceptar
y disfrutar. Podría seguir escribiendo sobre mis nietos,

pero prefiero disfrutarlos, olerlos, besarlos, sentirlos, escucharlos y por encima de todo amarlos, estar con ellos, es escuchar la voz de Dios contestando a todas mis oraciones.- MIS MASCOTAS.- Esos seres maravillosos que integran mi familia, mi primer experiencia Rockky, mi primer nieto peludo, un pequeño poodlel, a quien no crié, malcríe jajaja, nos acompañamos por 17 anos, compartiendo muchos de mis cambios, se mudo al igual que yo varias veces, (era nómada, como su dueña), inteligente, calido, de apariencia frágil como yo, y también como yo con una fortaleza que lo hacia superar cualquier dificultad. Sin ser mías, contribuí al cuido de dos hermosos gatos de mi hijo Juan Carlos; Argos y Paty, a quienes ame y alegraron mi camino, en el presente disfruto de dos hermosas gatas, adoptadas por mi hijo Juan; Bear, y Shiva, la primera suave, amorosa, pacifica, serena, la segunda, inquieta, melosa, mordelona, casi siempre pegada a mi, consentida, malcriada, estos seres son parte de los grandes obsequios que el Creador nos regala, también como maestros, y nos enseñan, ternura, incondicionalidad y amor quiero decirles, que me encantan los perros, son mi gran pasión, tuve la dicha de conocer y disfrutar de dos que me marcaron en el corazón con sus "frías narices", Laika y Albino, siempre presentes en mis mas puros sentimientos de amor, y recuerdos. Hay muchas personas que sin ser mis hijos biológicos, me llaman "Madre", y algunos niños que me llaman "abuela", todos ocupan en Mí, un lugar pleno de bendiciones y luz para ellos. A veces me siento espectadora de mi propia vida, suele pasarme, y veo entonces un cuerpo de mujer frágil, menudo, y un algo inmenso que me cubre, que sale de mi y si tuviera que dibujarlo, pintaría un gran corazón del que se desprenden alas luminosas que los envuelven a todos en amor y AGRADECIMIENTO.

CAPITULO VI

MIS EXPERIENCIAS LABORALES

Curiosamente, tuve la oportunidad de trabajar con: Educación, Justicia, Salud, política, y Militares. Estaba establecido en mi camino de Vida, que debía existir esta diversidad de experiencias, aprendí y compartí con el ser humano en sus diferentes facetas. Esto me enriqueció sin lugar a dudas, mi vivencia con los niños fue hermosa, didáctica, alimento en mi ese niño interno, que disfruta de la magia de su entorno, de la naturaleza, de jugar, de reír de ser feliz. Aun desempeñando un cargo Administrativo en un Pre-escolar, los niños pedían que los llevaran a mi oficina, de la que nunca querían salir, me encantan los niños, siempre desee tener muchos hijos 8 o 10, disfruto con ellos, dios me premio con dos nietos extraordinariamente maravillosos, me encanta cuidarlos, los disfruto en todas las etapas de su vida. En salud, me desempeñé como Auxiliar de laboratorios clínicos, me especialice en extracciones de sangre, en diabéticos, que por regular tienen las venas muy difíciles, también de hacer extracciones a niños muy pequeños en el cuello y en una oportunidad le extraje la sangre a mi hija cuando tenia tres años de la yugular, fue una experiencia única, definitivamente mi vida es intensa. Mis actividades laborales mas largas fue en el campo

de las Leyes fui Secretaria Administrativa fundadora
del Reten Judicial El Junquito, donde recluían a
presos de mínima seguridad dependía de la Dirección
de Prisiones del Ministerio de Justicia, fue hermosa y
enriquecedora esta experiencia, me involucre con los
presos, en sus necesidades y problemas sociales, me
llamaban Madrina, los escuchaba con la atención que
muchos nunca habían tenido, es otro mundo amigos,
pero vibre por ellos, fui incondicional en mi ayuda para
contribuir a que descubrieran en ellos al ser de luz que
existe en cada uno de nosotros, por ser una mujer
joven y atractiva, esto trajo algunos problemas por
cuanto en el estado emocional que ellos se encuentran,
confunden sus sentimientos. Déjenme comentarles que
en ese Reten dos presos designados para ayudarme en la
oficina, cuidaban de mi hijo que tenia tres años cuando
no tenia con quien dejarlo y tenia que llevármelo al
trabajo. Definitivamente Dios está en todas partes. De
allí pedí cambio para una cárcel de máxima seguridad,
con presos considerados en aquel entonces de máxima.
Peligrosidad, porque en su mayoría eran homosexuales,
y según estudios de esa época en nuestro país, por esa
condición eran mas sanguinarios, se cortaban muchos
entre si. De allí entre de lleno a trabajar con la Fiscalia
general de la Republica por varios años como asistente
de asuntos legales, visitaba e inspeccionaba cárceles,
pero mi trabajo era mas dirigido al Derecho Penal rama
del Derecho que me encanta, luego de varios años pasé a
trabajar directamente con Tribunales Penales, donde me
apasiono lo que hacia. Luego le di un vuelco a mi vida,
y me dedique a la elaboración de cinturones y accesorios
en cuero para damas, registrando mi propia empresa
'CHELADAS DISENOS', conté siempre con el apoyo y
la colaboración de mi hijo Juan Carlos, nos fue muy bien,
y mas adelante abrí mi propio taller de Manualidades en

la California Norte, frente a mi casa, donde se impartían clases de diferentes artes manualísticas. Hice cursos en el Instituto de Artes de fuego en San Bernardino, y luego me dedique a estudiar pintura acrílica decorativa,, me especialice por 5 anos, por muchos anos impartí clases como instructora, y compartí en el programa de TELEVEN en "La Casa de Rebeca", un maravilloso programa educativo y de entretenimiento con la conductora Rebeca, excelente profesional y amiga. Como siempre, en mi vida la diversidad de circunstancias estuvo presente aportándome vivencias que me conectaron siempre con el amor, por ello doy gracias nuevamente a Dios. Actualmente, y en los momentos en que me dedico a escribir este libro, diseño Mugs, para tomar café, con diseños dedicado a la mujer, al amor, a los ángeles amados, también pinto cuadros de Ángeles, tarjetas, y adornos para la Navidad. Eventualmente escribo no se si llamarlos poemas, son letras de pensamientos que podrían volverse canciones. Como ultimo comentario sobre el tema, les confieso, que yo soy solo el vehiculo a través del cual la Energía Divina se manifiesta, y sé que cada criatura de Dios posee dones extraordinarios.

Continuando con la diversidad y variedad siempre presente en mi sendero de vida, les comento que me mude aproximadamente 31 veces, por eso el apodo de "Nómada", esta bien ganado, tuve la oportunidad de vivir en sectores humildes en cuanto al aspecto económico-social, dentro de ambientes de clase media, y también en zonas de la elite caraqueña. Pude comprobar dentro de estas experiencias, que todos somos Uno. Son temporales e irreales nuestras diferencias, en diferentes niveles, y a diferentes ritmos, nos dirigimos a la misma Fuente, eso me reconforta, me hace sentir entre hermanos aun cuando veamos tanta violencia, conflicto, y separaciones. A veces siento un amor tan inmenso por todo y por todos, que reboza y traslimita mi cuerpo, solo tiene espacio en mi corazón que por ser el templo de Dios dentro de nosotros, es ilimitado en su capacidad tengo tanto que agradecer, el Universo ha traído a mi tantos seres humanos maravillosos manifestándome su amor, que vuelvo a decir ¡GRACIAS PADRE! No quiero concluir con este capitulo de mi vida, sin hacer mención que aquí en el Estado de La Florida en EEUU, he desempeñado oficios que nunca estuvieron en mis planes, como limpiar casas, cuidar niños, cuidar mascotas, cocinar por encargos, estuve tres anos consecutivos trabajando con un Sacerdote Católico. Padre P.C. quien fue el párroco de la Iglesia de la ciudad de Weston. Fueron 3 años maravillosos que tuve el privilegio de compartir con ese Ser extraordinario, como sacerdote, como humano y como amigo, representó en mi vida un antes y un después, a través de conversaciones y de lectura de libros por el recomendados, se operaron en mi cambios verdaderamente trascendentales de manera esencial, creció mi admiración y predilección por el Padre Jesuita Anthony De Mello, a quien identifico actualmente mucho con el adorable y admirable PAPA FRANCISCO. Una vez mas les dijo, que todas estas experiencias forman parte del rompecabezas de mi camino, a través de ellas, tuve instantes, agradables, otros un tanto humillantes, de temor, reconfortantes, otros donde parecía que no resistía mas, en fin, los estudios se realizan a través de diferentes materias, y en la escuela de la vida, no te escapas de esto.

CAPITULO VII

EXPERIENCIAS EXTRASENSORIALES

Recuerdo que teniendo entre dos y tres anos de edad, encontrándome en el patio central de la casa colonial donde vivía en Caracas-La Pastora jugando, mire hacia arriba, hacia el cerro del Ávila en cuyas faldas se encuentra el valle de Caracas y claramente vi a una señora con un niño cargado en la punta de la montaña, de repente se desprendieron las dos figuras cayendo a mis pies, y se convirtieron en una luz dorada brillante, trate de agarrarla, y toque sin querer a una avispa, que en seguida mi pico, ocasionándome, una reacción alérgica y toxica que casi me cuesta la vida no recuerdo si se lo conté a alguien, pero igual me hubieran hecho caso omiso, pero quedo grabado en mi, y muchos años después en una Iglesia, cuando vi la imagen de la Virgen del Carmen, reconocí la visión que había tenido. Sentí una atracción muy especial hacia la muerte, por cuanto la relacionaba con mi madre que no conocí recuerdo que jugando en el corral de la casa, cerraba los ojos para tratar de ver a mi mama, y pensaba "ahorita mi nana Domitila viene y me dice que mi mamá llegó, que era mentira que se había ido para siempre". Como les dije anteriormente a los 8 años de edad leí el libro El Tercer Ojo, y lo que capte de esa lectura permaneció latente en mi, archivada, y después con los anos brota espontáneamente de mi interior. Paso el tiempo y como les narre, tuve una tía abuela que era médium, y leía las cartas, yo siempre la veía, y casi sin darme cuenta empecé hacerlo como cosas de juego, tenia escasamente 19 anos y a esa edad no se toman en serio muchas cosas, yo era la primera sorprendida cuando acertaba todo lo que decía. He sido amante de la lectura, mi mejor amigo siempre ha sido un libro, y empecé a comprar libros, entre ellos Testigos de la Pasión, Medico de Almas—La Importancia de Vivir de Ling Yutan, Amor e Ironía, recuerdo especialmente un libro pequeño "El oráculo de los Sueños ", por --cuanto le formulaba preguntas y las respuestas me asombraban por su veracidad e inmediatez. Actualmente me encuentro inmersa en el maravilloso espacio de Los Ángeles, esos puentes de luz y amor que nos unen a la Fuente, al Padre, a Jesús, a Maria-Madre, viviendo constantemente experiencias mágicas, que me plena de paz, amor y entusiasmo por la Vida, infinita, eterna.

Sentía, intuía, situaciones antes de que se presentaran, a veces amigas me decían léeme el cigarro, y yo mirando el cigarrillo que era solo una excusa, me arrancaba a hablar sobre cosas de la persona de las que desconocía totalmente, al paso de los anos y siempre inquieta en esta materia leí mucho sobre los espiritistas, Alan Karde y Joaquín Trincado, incursione en la leyenda sobre Maria Lionza, asistí a Ritos en la montaña de zorte, con el Pediatra de mi hija, empecé a involucrarme un poco con los Rosacruces, pero dado lo nómada de mi vida, no avance. Tuve un amigo muy avanzado como Rosacruz, con quien mantenía grandes conversaciones de el guardo un poema que me hizo cuando yo tenia 23 anos y es hermoso mas adelante en mis anexos lo voy a compartir con Uds. Recién cumplí los 24 anos de edad, viví una experiencia que me marco un poco, experimente una sensación de dolor que me hizo llorar desconsoladamente, sin nada aparente que lo justificara mi cuerpo se petrificó de frío, y solo repetía "es la muerte lo que siento y veo", no les puedo describir con detalles lo que me embargó, pero me hacia sufrir, a la semana de pasarme esto, una prima mía de escasos 15 anos se suicido, fue algo terrible. Luego 2 meses mas tarde, estando en mi trabajo, hablando con dos compañeras en el ascensor, sentí nuevamente esa sensación de dolor y angustia aunque no con tanta intensidad como la primera vez, y le comente a una amiga, creo que una de esas dos personas va a morir pronto, la mas sorprendida fui yo, cuando al día siguiente al llegar al Laboratorio me informaron que la hija de una de las compañeras con quien estuve en el ascensor, se había suicidado la noche anterior. Fueron muchas las experiencias para mi inexplicable. Pero inesperadamente se fueron sucediendo en mi, especies de temblores incontrolables, acompañados de un frió intenso y la dificultad de poder hablar, eso me sucedió una mañana en el laboratorio clínico donde trabajaba, y por ser un Servicio Medico del Ministerio de Sanidad, me trasladaron al consultorio de un Internista, quien me asistió y mando a practicar un sin numero de exámenes, para descartar la posibilidad, de que prematuramente padeciera el mal de parkinson. Salí perfecta de todos los estudios que me hicieron. Pero posteriormente me sucedió nuevamente en mi lugar de trabajo, y esta vez, me atendió el Dr. R.B. Medico Internista muy destacado, contrario al otro medico, no me inyecto ningún tranquilizante, solo me pregunto, que veía y que escuchaba, me sentí tranquila, y le narre lo que en ese momento veía y escuchaba. Posteriormente comencé con el una serie de sesiones de hipnosis regresiva en su consultorio en el Centro Medico de San Bernardino, recuerdo que en una de nuestras charlas, le dije que se cuidara, que sentía que el estaba enfermo, lamentablemente 15 días después murió. A instancias de una amiga de mi familia y mía que era como una hermana mayor para mi Alicia conocí a quien fue mi guía espiritual Manelli Nicolau, un ser excepcional en bondad y sabiduría, que me condujo por un sendero de Luz, viviendo estas nuevas experiencias, tuve una nueva revelación, que según interpretación de Manelli, significaba que yo iba a tener otro hijo, así paso después de un tiempo. Previamente a todo esto cuando mi abuela murió, y estando yo en estado de mi primer hija sin aun saberlo tuve una experiencia sobrecogedora con mi abuela, muy fuerte y reveladora. Son muchas las vivencias en este aspecto de mi vida, que me han conducido a emprender un camino de búsqueda hacia lo esencial. La lectura, la meditación, la reflexión, la observación a la naturaleza, el amor, ese milagro constante que vibra en mi me conecta con mi origen, mi fuente y es una sola JESUS-DIOS, esa energía presente en mi respiración en cada latido de mi corazón, agradezco al Creador por haber permitido tanto obstáculo en mi camino, que yo misma proporcione, sin ello créanlo, no habría paz en mi corazón. Las respuestas a todas nuestras preguntas, se encuentran dentro de nosotros, no profeso religión alguna, creo en la Energía Divina, presente en todos y en todo, estoy convencida de que soy un espíritu dentro de un cuerpo, viviendo una experiencia humana, me siento parte de un Todo, concibo la vida en este plano, como un regalo divino, cada vez me responsabilizo mas de mis pensamientos, palabras y obras, dirigiéndome hacia la Luz, proponiéndome ser cada vez mejor persona, compartir, no enjuiciar, y amar a todos y a todo, no es fácil, es parte de un proceso para el que estamos aquí, pero saber que no estamos solos en esto, me llena de valor y entusiasmo. Lo mas recién de mis experiencias aquí en La

Florida, se han originado a partir de mi incursión en el mágico y bendecido Mundo de Los Ángeles, al que llegue invitada por mi amado hijo Juan Carlos, a una 'CITA CON LOS ANGELES', en Almanova Center, en la ciudad de weston, fundado y dirigido por un ser humano extraordinario a quien amo profundamente, Catherine, y textualmente comparto con Uds., esta hermosa experiencia que ha transformada mi vida de manera armónica, mágica y angelical: "Hace dos anos aproximadamente, a insistentes invitaciones de mi hijo Juan Carlos, asistí en Weston a Almanova Center, al llegar allí, conecté con un ambiente de paz y cordialidad, me uní a un grupo de personas, que antes de comenzar a practicar meditaciones, compartían sus experiencias personales relacionadas con los ángeles, al preguntarme a mi al respecto, de manera espontánea, surgieron vivencias que no había considerado nunca, hasta ese momento no me había dado cuenta de que sin proponérmelo, tenía muchas figuras de ángeles, regaladas, compradas etc.; y llegaron a mi mente situaciones siempre relacionadas con ángeles. Cerré mis ojos, me relaje y suavemente comencé a ser guiada por un sonido dulce, suave que me llenaba de paz y bienestar, sentí entrar en un lugar mágico, y allí aprecie, que el sonido era la voz de quien guiaba el grupo, la querida Kathy, me sentí flotar arrullada por esa voz que se convertía en parte del espacio. Esa fue mi primera experiencia, en lo sucesivo asistí cada viernes a comulgar en ese ambiente. Mi conexión con esos maravillosos seres, es cada vez mas sentida, solo basta con desearlo desde el corazón, para que se hagan evidentes. Mi mejor momento para establecer contacto con los Ángeles es; entre 3:30 a 4:30 a.m., aproximadamente, en ese tiempo he vivido experiencias maravillosas, indescriptibles, entre ellas, tuve la visión de un Ángel con colores salmón claro, beige y dorado, que quedo impresa en mi mente y que luego al disponerme a pintar esa mañana, sentí que mi mano era guiada con trazos firmes, y plasme por primera vez en un lienzo, el rostro del ángel que había visto, mi jubilo fue inmenso, fluían la escogencia de colores y la creatividad, en lo sucesivo solo soy un vehiculo a través del cual se plasman imágenes angelicales, hadas etc. Me cambio la vida con esta experiencia mágica que nos contacta con la realidad del Ser, con lo que por múltiples ocupaciones temporales, obviamos, negándonos desarrollar el poder inmenso del que hemos sido dotados por el Creador, créanme, la magia, la inocencia, el eterno niño es la única realidad. Ese toque divino que esta en nosotros es lo que nos conecta con la vida eterna, ese aliento del Espíritu Santo es la única Verdad. Doy gracias al Padre Eterno, a Los Ángeles, a mi hijo Juan Carlos por servir de puente y conexión, y muy especialmente a Catherine A. por guiarme con el don maravillosos de su voz y el amor incondicional de su corazón en tan hermoso sendero. No quiero dejar pasar por alto, y me encantarían sugerirles, que si tiene la oportunidad de participar alguna vez en los talleres INSIGHT, lo hagan, para mi fue trascendentalmente positivo, los realice en Caracas Venezuela, fue una experiencia maravillosa, que me proporciono las herramientas, para entrar en mi, incursionarme, conocerme, amarme, respetarme y por encima de todo NO DEJARME SOLA NUNCA., aporto a mi la sabiduría de hacerme cargo de la responsabilidad que tengo para conmigo, desde el respeto, la confianza y el amor.

CAPITULO VIII

EMIGRACION, DESAPEGO, CAMBIO

MI EMIGRACION A LOS ESTADOS UNIDOS DE AMERICA.- En el ano 2003, vine por primera vez a los EEUU, de visita en época de verano, donde Eduardo y su familia amigos muy apreciados, ellos viven en Pembroke Pine, Condado Broward, en el Estado de La Florida. Mi experiencia fue positiva, conecté con un país urbanisticamente bien planificado, con vías de comunicación como nunca había visto, percibí una organización socio-económica, nunca vista en mi país, quiero hacer la salvedad que en esos momentos yo tenia 61 anos de edad, y mi país de origen es Venezuela, allí vivía en una zona media-alta de la capital del país, Caracas, pasé aproximadamente dos semanas, y regresé a mi país. El próximo ano regrese nuevamente al Estado de La Florida, donde los mismos amigos, quedándome nuevamente por espacio de dos semanas. Debo aclararles, que para esa época, en mi ciudad natal, en mi amada Venezuela, empezaba un caos político, social, económico, este se había iniciado con varios años de anticipación, pero en ese presente estaba entrando en franca crisis, teníamos el primer gobierno de Hugo Chávez, personaje que con gran habilidad y aprovechando el deterioro como ciudadanos que era ya evidente en el pueblo venezolano, prometió cambios que muchos creímos, me incluyo, porque para ser honesta, yo ya estaba cansada y asqueada de dos fuerzas políticas que se turnaban el poder en mi país a cual mas decadentes y corruptas. Ya en el ano 2000, yo me había dado cuenta de que era peor el remedio que la enfermedad, confieso cuando ejercí mi derecho al voto, lo hice desde la actitud negativa del castigo a nuestros políticos, ignorando que el castigo recaía en mi, mi familia y el pueblo venezolano. Participe activamente en cuantas marchas, protestas, y actividades nos condujeran a enmendar el garrafal error de haber llevado al Poder, a un ser humano cargado de resentimientos y oscuridad, que acompañado por las ansias de ganancias económicas y de dominio de muchos venezolanos cada vez se fue fortaleciendo mas, en ese momento de mi vida, como mujer, como madre como abuela, como venezolana, conecté con una realidad: yo pertenecía a una minoría, en cuanto a mis conceptos de ciudadana libre, cívica, que contribuía y demandaba a una mejor calidad de vida. Mis hijos, mi yerno, mi nieto y yo nos convertimos en enemigos del gobierno, tornándonos en sus victimas, desde el punto de vista profesional, y poniendo en peligro, nuestra integridad física y hasta nuestras vidas. Decidí y le participe a mis hijos mi voluntad de irme de Venezuela, quiero comentarles que paralelo a esta inquietud mía, mi hija y su familia, y mi hijo respectivamente eran amenazados y acosados. No quiero hacer larga esta narrativa, pienso y siento que dentro del Plan Divino, estaba previsto que saliéramos de nuestro País. Quiero enfocarme mas que en el aspecto político, que para mi sigue siendo un escenario anecdótico; en lo que significa para mi "el emigrar". Es maravillosos viajar, creo que a todo el mundo le gusta, conocer países, nuevos paisajes, gente diferente, hacer compras etc. Ahora no es fácil emigrar, y menos a la edad que yo lo hice, mis dos primeros anos de estadía aquí fueron bajo un estado de depresión severo, donde me sentí morir, sin conocer el idioma ingles, sin respaldo económico, por cuanto mi salida de Venezuela fue abrupta si se quiere, solo con dos maletas de equipaje, sin contar aquí con el apoyo de nadie y solicitando un asilo político, mi pequeño grupo familiar formado por mis dos hijos mi yerno, mi nieto, y mi amado perrito Rocky venia bajo circunstancias similares, con ciertas diferencias como la edad, el dinero, las expectativas y los sueños. Ante mis ojos el panorama era oscuro, comenzaron a presentarse, desavenencias entre nosotros como familia, caí casi en estado catatonico, me sentía en la encrucijada de no poder devolverme a mi país, y encontrarme en un lugar, donde yo era extraña total, llore tanto que tuve un pequeño desprendimiento de retina, fui intervenida quirúrgicamente con láser. Todas estas situaciones no son mas que anécdotas, con las que nuestro Ego nos distrae, y nosotros creyéndonos "conscientes", entramos en el análisis profundo, del porque? Yo prefiero compartir con Uds., la pregunta que surgió en mi posteriormente cuando empecé a despertar como ser integral y hacerme cargo de mi, ¿para que?, para que vine?, para que estoy aquí? ojala pudiéramos formularnos esta interrogante mas seguido a nosotros mismos. El emigrar, es un profundo cambio, trascendental, como cuando nos constituimos en parejas, cuando nos hacemos padres, podría definirlo para mi, como el pasar de nivel, no de grado, me explico, cuando estudiamos primaria, pasamos de grado, pero seguimos en primaria, es diferente cuando cambiamos de nivel a uno superior, mas avanzado en conocimientos. Para mi el emigrar a este país, significa una muestra mas del constante e imparable cambio que se opera en nosotros y en nuestro entorno cada fracción de segundo, lo tomo como una muestra del cambio del plano físico a donde me dirijo posteriormente, podría representarlos como una especie de muerte, se que para muchos la muerte significa el final, es cuestión de palabras, para mi no. Aprendí, que al igual que cuando morimos, al emigrar lo hacemos sin equipaje, erróneamente vivimos en la ilusión de creer tangibles "cosas" que no lo son, por ejemplo, muchas personas dicen "como voy a dejar mis pertenencias atrás, quiero llevarlas conmigo, si se detienen a pensar, entienden que son cosas perecederas, que al llegar aquí puedes perder con un huracán por decir algo, todo lo material presta un servicio limitado estés donde estés. En cuanto a las costumbres y las tradiciones pienso, que son detalles que enriquecen tu cultura de forma amplia y mentalmente las llevas contigo si así lo deseas adonde vayas, es paradójico ver personas que estando en Venezuela celebraban sus eventos sociales con mariachis, nunca con grupos de cuatro, arpa y maracas, que nunca usaban una cartera que dijera" amo a Margarita", y al llegar aquí cacarean llorando que añoran sus costumbres, verdaderamente somos patéticos. Pero en fin cada quien con su proceso. Amo al país donde nací, a Caracas mi ciudad natal, deseo como venezolana, que mi amada Venezuela alcance ser un gran País, mas por sus ciudadanos que por sus riquezas naturales. Pero siento que fue parte de mi escenografia en el teatro de mi vida, conservo de ella lo esencial, y en agradecimiento me empeño en ser mejor persona cada vez para representar su gentilicio de la mejor manera. Amigos, los cambios profundos no admiten equipaje, con lo que seguimos viajando es con lo implícito a nuestra esencia, nuestro espíritu, nos despojamos del estuche transitorio del cuerpo y continuamos vivos, Al emigrar, debemos tener la actitud sabia de la inocencia y la humildad, pasamos a otro nivel, pero no a dar clases, ni cuestionar, venimos a enriquecernos de nuevas experiencias con paisajes diferentes, y a compartir lo positivo que podamos aportar en la sociedad que nos insertamos. Mi aprendizaje en este país sigue siendo parte del Plan Divino de la Fuente de donde provengo, así lo asumo, y sin variar mucho las condiciones en que me sentí en los dos primeros anos de estar aquí, en cuanto a lo económico, y a la practica en el ingles," yo soy otra "en mi se opero el cambio para el que vine, asi tengo la respuesta que buscaba, ¿para que vine?, para entender y aceptar que vayas donde vayas, estés donde estés, SOMOS UNO, aquí me ubico en el AQUÍ Y EL AHORA, dentro de una comunidad organizada, con un gran sentido de civismo, originada por muchos inmigrantes de diferentes regiones del mundo, pero con la sabiduría de la Libertad implícita que los identifica. AMO ESTE PAIS, sin fanatismo, reconociendo que en su seno la diversidad de defectos y errores esta presente, con la diferencia, de que contrario al país de donde provengo, es un país de Leyes, con ciudadanos estoicos ante cualquier catástrofe de la Madre Naturaleza, o de ataques terroristas que lo desangren.

Aquí me he despojado de prejuicios y paradigmas, que me ataban a una raíz española que me hacia dependiente de la apariencia, y el que dirán, del concepto de sobre vivencia, de depender de palanca para obtener un derecho, situaciones a las que me revelaba sin mayores explicaciones, pero que intuía no tenia porque aceptar en mi vida. En mi presente, y en esta sociedad por mas heterogénea, cada día, cada instante, percibo señales que me conectan con la fuente que me origino, en verdad les confieso, que nunca me sentí tan viva, tan activa, existir, no significa estar vivo, disfrutar de cada uno de nuestros sentidos plenamente, vibrar con cada experiencia, ocuparnos de nosotros mismos de manera integral, alcanzar la coherencia entre nuestros pensamientos, nuestras palabras y nuestras acciones Indiscutiblemente, me correspondía emigrar, me ubico mas allá del nacionalismo, del patriotismo, Aquí continuo mi camino, conociendo también seres humanos extraordinarios, que han nutrido mi espíritu, de diferentes nacionalidades, demostrándome cada vez mas que somos UNO, una vez mas la diversidad me enseña, lo fructífero que es, quiero señalar a una persona muy especial, que me ha brindado una hermosa relación de amistad y que ha enriquecido mi vida, con sus experiencias, un hombre de sentimientos y actitudes nobles, honestas, espontáneas, por quien siento afecto, admiración y respeto, me ha hecho sentir en casa estando en este su país, una persona de conversación y sonrisa franca, de amplia cultura y sabia humildad, que me ha demostrado la receptividad y la calidad humana del ciudadano norteamericano, me siento orgullosa de ser su amiga, y me atrevería a decirles, sin temor a equivocarme que Dios fue muy generoso conmigo al darme la oportunidad de encontrar a: FERNANDO FEBRES y TYLER MORGAN, ambos tienen un lugar muy especial en mi, y ratifican sin lugar a dudas; lo valiosa y hermosa que es la amistad. Para concluir quiero comentarles hechos muy trascendentales de mi estadía aquí, me nació un nieto mi ángel azul, mi gringo amado, Sebastián, hijo de mi hija Nayibe y de Mike, su esposo, esto contribuye sin duda alguna a mi conexión con esta tierra americana bendecida por su libertad. Aparte de mi eterna gratitud por abrirnos sus brazos a mi familia y a mi a través de un asilo político, y aceptarnos de esa forma como parte de su sociedad, brindándonos un abanico de posibilidades para una mejor y mayor calidad de vida. Definitivamente en esta tierra conecte con el Poder del Ahora, y dijo firmemente: "PRESENTE".

Es fascinante para mi, disponer del tiempo y del interés por conocerme, libremente, sin cuestionarme, con aceptación, sin análisis, reconocer definitivamente que fui, y soy adicta a la magia de la fantasía, soy intensamente fantasiosa, por eso quizás disfruto de situaciones que otros, ni ven, ni entienden, espontáneamente tengo visiones mas allá de lo que mis ojos humanos miran, me siento liviana sin el peso de recuerdos que me aporten frustración, rencor o arrepentimiento, no pienso que todo tiempo pasado fue mejor, creo que el momento mas hermoso e importante es el instante en que vivo. La lectura es mi gran pasión, al igual que la música, disfruto en redes sociales de artículos, poemas, pensamientos, que otros seres humanos comparten, aportándome sabiduría, contacto con un entorno maravilloso de hermanos avocados a su crecimiento integral que ratifican para mi con sus inquietudes, lo real de nuestra trascendencia a un estado superior, me siento mas niña que nunca, inquieta, ávida de experiencias, con la inocencia y humildad, de no saber nada, y que a cada instante se me revela un nuevo mundo, mis archivos no existen, solo lo maravilloso de estar en el aquí, que no tiene tiempo. Disfruto de mi compañía, de mi imagen, encuentro hermosura en mi proceso de envejecimiento físico, en días pasados, una amiga me envió desde Caracas, mi ciudad natal, una foto mía de cuando tenia 25 anos de edad, y créanmelo, quede sorprendida de lo bonita que fui, yo nunca lo supe, siempre me sentí físicamente insignificante, no encontraba razón alguna de porque era tan atractiva para el sexo opuesto, he llegado a la conclusión de que estuve mucho tiempo ausente de mi, y que en mi hoy el bienestar que experimento, la armonía de mi interior y de mi entorno que contacto y disfruto, indiscutiblemente es porque estoy 'CONMIGO'. De nuevo agradezco a mi Fuente Creadora por inspirarme y permitirme "SER". Me gusta contribuir a motivar lo positivo en cada quien, escudriñar en cada ser humano, hasta encontrar lo que lo conecta con su Fuente Creadora y…….desde allí amarlo. Disfruto de poder incentivar a otros a conocerse a aceptarse a ver lo maravilloso que son, contribuir con la armonía de mi entorno, reflejarme en ella desde la alegría de vivir, del agradecimiento.

Siento que a través de lo aquí escrito, los he hecho participes de gran parte de mis vivencias, mas sin embargo, continuo transitando mi sendero, ávida de experiencias, siempre con el entusiasmo que ellas me aportan en este viaje, cada instante, cada minuto, cada hora, cada día, cada semana, cada mes, cada año, no importa el tiempo, este también es relativo, como todo lo creado por el hombre, lo experimentamos cuando por razones de estaciones adelantamos o atrasamos el reloj, parece magia verdad?, pero no es la magia en la que yo creo y que muchos llaman Fe. En lo que si concluyo sin lugar a dudas, es en mi agradecimiento al Creador, a su amor infinito cuando haciéndose humano en su hijo JESUS, nos regala LA VERDAD, esa que testarudamente buscamos todos por diferentes caminos tropezando con un sin fin de piedras, que nos empeñamos en retener, solo la oportunidad de vivir, es ya el mejor regalo, aunque sea verdaderamente complejo nuestra dualidad de Espíritu y Cuerpo, si tomáramos consciencia de tan intensa experiencia, "nuestro tiempo", seria mejor aplicado, utilizado, en conocernos, descubrirnos, tenernos, respetarnos, AMARNOS, ¡Cuan sencillo y difícil para nosotros el "Mandamiento: Amaras a tu prójimo como a ti mismo", pensemos por un momento, como cambiaria todo si verdaderamente nos amaramos?, nos cuidáramos, de manera integral, tanto la esencia, como el estuche que la resguarda través de lo que escribo y comparto con ustedes, nuevamente el agradecimiento surge en mi, por cuanto en este momento he constatado, que la capacidad y la intensidad de sentir amor de manera vehemente, entusiasta apasionada, no depende de quien lo motive en mi, sino del privilegio que el Creador me concedió de experimentarlo, es un velo que se acaba de descorrer ante mis ojos, siento que así como cada pétalo de una flor para mi significa una obra maravillosa, así como me enternecen las mascotas, así como me plena de felicidad un amanecer, un árbol sin hojas desnudo en invierno, así también me maravillo del cuerpo humano creado para la vida, así como me hace vibrar la caricia de un amante, así también me doy cuenta que temporalmente le ponemos un nombre a lo que sentimos, que ese nombre puede salir de mi vida, pero la capacidad de sentir, de amar es infinita en mi, hoy se que llore por símbolos, que mis despechos fueron anécdotas, que no perdí a nadie ni a nada, sigo poseyendo la fortuna del Amor, la magia de lo romántico, la pasión profunda de compartir la intimidad. Definitivamente SOY AMOR. Ahora se, que las veces que me siento sola, es por que me abandono, no porque "alguien" se va, que cuando me deprimo, permito que mi Ego me conduzca, sub.-estimándome, me alejo de La Fuente Creadora de mi Ser, cuando pierdo el entusiasmo de vivir, es que ocasiono mi muerte, es entonces cuando aparece el Miedo, la antitesis del Amor. Cada vez se hace mas tangible para mi ese espacio, que intuyo y que mis ojos humanos no pueden ver, paralelamente, este espacio en el que vivo se torna mas irreal, en este momento de mi vida, entiendo que no carezco de nada, que todo esta en mi, que tengo un lugar para vivir en el hogar de mi hijo, que disfruto de servicios que el Padre me da a través de ese hijo, sin restarle a el los meritos que merece por permitir ser su vehiculo, recientemente una persona muy querida allegada a mi, me pregunto de que recursos económicos disponía para vivir, siendo sincera no tuve una respuesta concreta y lógica. Será que aparte de ser nómada, soy un poco loca?, pero yo experimento una tranquilidad al respecto, que muchos pueden calificar de irresponsable y absurda, hoy mas que nunca me siento de pasada, como decía mi amado Facundo Cabral, el Padre me trajo a este país (no volví a preguntar por que?, desde hace muchos anos) para asistirme en lo que respecta a la salud, aparte del regalo que me concede de mantenerme activa y lucida. Nunca he ocupado parte de mi tiempo en pensar en enfermedades, mi mayor prevención es comer lo que preciso, sin excesos, caminar, bailar, tomar mucho agua, lo disfruto, alimentar de magia mi imaginación desde que era muy niña, soy fantasiosa, me gusta, disfruto de los instantes que vivo, estoy convencida que tanto la abundancia como carestía, son relativas, lo que para mi es mucho para otro parece poco y viceversa. Nunca como hoy me aprecie, me sentí satisfecha de Ser. Hoy se que no nací para llenar las expectativas de alguien, ni alguien nació para llenar mis expectativas, que en la Escuela de la Vida, debes aprender a ser TU, la ciencia a través de la psicología habla de las personalidades múltiples, de la bipolaridad,..............y les comento, se han dado cuenta que los "aparentemente sanos" proyectamos una imagen, nos creemos otra imagen, de acuerdo a nuestra propia óptica, y cada uno de afuera nos ve diferentes de acuerdo a la óptica de cada quien, es muy complejo, por eso la sabiduría esta en lo sencillo, pensemos, hablemos y accionemos solo con el propósito de SER, desde el poder de la humildad, que nos conecta con "Nuestra Fuente". Solo despojándonos de tantas etiquetas, conceptos, intelectualismos, creencias, interpretaciones de la Verdad, religiones y status, iremos poco a poco permitiendo salir de nosotros desde lo más profundo, eso que buscamos tanto afuera y que el hombre llama LIBERTAD

A continuación, quiero también compartir con Uds., sentires, inspiraciones, conversaciones conmigo?, no se.- Hace muchos anos estando en Caracas, en un diciembre, adornando el Arbolito de Navidad en altas horas de la noche, me senté a verlo a apreciarlo a la distancia para ver si había quedado bien, y me asalto la pregunta casi tradicional en esas circunstancias, si a mis hijos les agradaría cuando llegaran, fue entonces que caí en cuenta, de que mis hijos ya se habían mudado, que no vivían conmigo, que yo estaba "sola", créanlo sentí la sensación de que se me hundía el piso, sentí temblar mis piernas, y me senté, casi al unísono, escuche una voz dentro de mi que me dijo "no estas sola, estas contigo", me levante me serví una copa de brandy (mi bebida favorita) y puse música de Roberto Carlos, y disfrute de la noche hasta altas horas de la madrugada, pero antes de acostarme tome una hoja y escribí lo que sigue.- CUANDO LOS HIJOS SE VAN.-; Cuando los hijos se van, al principio sentimos dolor............dolor?, mas bien una sensación de vació; ellos elevan sus alas y sentimos que a medida que lo hacen, nuestro dolor crece............y es que no nos damos cuenta, de que esta sensación es maravillosa y obedece a que sus alas tuvieron sus raíces en las nuestras, y al separarse, después de estarlas acocando hasta ese momento, nuestras alas también se despliegan, produciendo una dualidad de sentimientos, mezcla de separación y realización, pues sentimos el beneplácito de nuestro propio crecimiento y a medida que el cordón se suelta, aprendemos a sentirnos libres y se torna ilimitado el amor por nosotros mismos y por ellos, comprendiendo que se cierra un ciclo que augura una renovación, una reconciliación con nuestra propia esencia o propio Yo, y así unidos por amor infinito, proseguimos el sendero de nuestra respectiva evolución por caminos diferentes. Así pues elevemos nuestra manos a Dios, y demos gracias

por permitirnos colaborar con EL, en tan gran obra.
Diciembre de 1.997. Caracas Venezuela"

Anexo a este libro escritos que hablan de mi, por
ser partes de mi, de mis reflexiones, muchos inspirados
en esa maravillosa hora, cuando empieza a despuntar
el alba, entre las 4 y 5 de la mañana, donde sin todavía
abrir mis ojos humanos completamente, y yo diría que
ninguno de mis sentidos corporales, veo, oigo, huelo,
siento experiencias maravillosas que me conectan con la
"Realidad", esa que al estar imbuida en los quehaceres
cotidianos, no capto, o me resisto a captar. Surgen
poemas, pensamientos abundantemente, como si me
las estuvieran dictando, es mágico créanlo; se torna
abundante mi inspiración y hablo conmigo sobre la mujer,
sobre ese hombre que "no llego" a mi vida, y sobre mi
Norte, mi inspiración, Mi Verdad, el guía que me inspira,
acompaña y nutre 'MI JESUS'.

MUJER, PRINCIPIO Y ETERNIDAD

Instinto e intuición, risa y lágrimas, valor y amor, dolor y placer, renuncia y entrega. Un compendio misterioso y atractivo, armónicamente imperfecto. Simplemente Mujer. En ella se origina la vida humana a través del fluido del amor, se gesta en sus entrañas, sin importar las circunstancias la vida de un nuevo ser humano, al parir y con el soplo de vida a través de la luz del Espíritu Santo, alumbra la nueva existencia, aquí comienza su protagonismo como mujer y como madre, prevaleciendo en ella, el segundo rol. En un alto porcentaje y yo pienso que mundialmente, es ella quien realiza la ardua y compleja tarea de ser guía, formadora, asistente, proveedora y parte activa en esta nueva experiencia de existencia humana. Sin duda alguna y ratificando que Dios no se equivoca, la mujer tiene la capacidad natural, otorgada como don divino de ser polifacética: amamanta, cocina maneja, hace compras balanceando el presupuesto, hace el amor (si tiene con quien), regaña, estimula grita, aconseja y pare Ud. de contar, la peor, es un buen padre (salvo excepciones, como toda regla). Por mi experiencia personal,, testimonios y evidencias en mi entorno, la mujer por razones, culturales, religiosas, sociales, esenciales quizás, ha ocupado en la sociedad papeles secundarios que ella misma ha permitido, hago la salvedad, que yo soy mujer mas allá de ser femenina, aunque se use como sinónimo, no soy participe de la competencia entre el hombre y la mujer; la banana y la manzana, son ambas frutas deliciosas, nutritivas, y totalmente diferentes en su apariencia y contenido, la madre naturaleza, como perfecta enciclopedia, nos brinda siempre los mejores ejemplos, pero los humanos preferimos a geogle. Del extremo del anonimato, en el presente, con la cruzada feminista de derechos de igualdad, nos inclinamos al otro extremo, y olvidamos que el equilibrio es lo ideal, opino como mujer y con muchos anos de experiencias como tal, que los dos géneros hemos tenido responsabilidades compartidas, recordemos que en todas esas tareas que la mujer ejerce y acabo de enumerar, contribuye a la formación del hombre del cual se queja y quisiera que fuera distinto. Como mujeres debemos recuperar el sentido de nuestro generó ocuparnos y disfrutar del privilegio de ser Mujer, reconciliarnos con ello, el enemigo no esta afuera, poseemos unas herramientas extraordinarias, estudiémoslas, utilicémoslas, y salgamos al exterior fortalecidas, entusiasmadas, orgullosas de lo que somos, de lo que tenemos gracias a Dios, y compartámoslo, no hay enfrentamiento tal, recuerden que ese generó que colocan en su hoy como rival y antagonista, estuvo en nuestro vientre ayer. Aceptémos nuestras diferencias como parte de un Plan Divino y trascendamos en nuestras respectivas experiencias humanas, con consciencia, elijamos si queremos compartir nuestros caminos entre dos, sin intentar imponernos uno al otro, de no ser así, es mas- responsable y sano, permanecer sola,, y compartir momentos que nos llenen de placer con responsabilidad y vivencias variadas. No estoy en posición de dar consejos, no me corresponde, lo que si puedo gritar es !Gracias Padre! Por el privilegio de hacerme MUJER, Principio y Eternidad. Como les he comentado soy observadora de mi entorno y principalmente de la conducta humana, por lo cual no quiero dejar pasar por alto mi siguiente comentario, soy amante del glamour femenino, me gustan las cremas, los perfumes, maquillajes la ropa, caminar, mantenerme en forma delgada, eso que llaman frivolidad y que para mi es un condimento necesario en el todo de "ser mujer", estoy de acuerdo en que la mujer que pueda y quiera ayudarse con cirugías, o refrescamientos, su apariencia física, sus senos, su rostro, que lo haga si esto contribuye a sentirse mejor, pero lo que no termino de entender es: porque uniformarse todas con senos grandes? Yo recuerdo que en los anos 70 y 80, sucedió algo similar en Venezuela (donde vivía), todas las mujeres se pintaban el pelo de amarillo o avellana, y se hacían los mismos peinados de peluquería, yo entiendo lo de la moda, pero de allí a uniformarnos ¡NO!, actualmente existe una exagerada actitud de perfeccionismo físico, que raya en lo irreal, recuerdo a mi compadre Rafael Girón, quien tenia una gran chispa y decía "las mujeres se operan senos, caras, pero cuando tararean una música, cantan música de Los Panchos", ese era un trío de los anos 50. Pero bueno, así somos los humanos, todo lo tomamos por moda. Ojala un día mas cercano que lejano apliquemos la moda de amarnos todos. Avancemos sin miedo al Otoño e Invierno de nuestras vidas, es hermoso, se los puedo asegurar. Recuerden amigas no hay nada mas pleno "QUE SER", EL QUEHACER ES LO QUE NOS CONDUCE A LA RUTINA. Toda mujer debería tomar consciencia de su naturaleza divina, del privilegio de que en su cuerpo este la conexión con el origen de la Vida. No creo que solo la maternidad biológica, sea el mayor privilegio, es su sensibilidad afectiva, su evidente relación con lo mágico a través de sus sueños y fantasías, su capacidad de mediadora, característica que usualmente pone en practica entre los hijos, entre la pareja y los hijos y pare usted de contar, el don de desempeñar actividades aparentemente incompatibles, como el hogar, y el trabajo, el erotismo y la ternura, siempre comento la siguiente circunstancia, si una mujer esta disfrutando de la intimidad con su pareja y el hijo a la distancia de su habitación se queja o llora, ella automáticamente deja lo que este haciendo y corre averiguar lo que ocurre, si en cambio un hombre esta viendo en la TV, un partido de baseball o de football, y el hijo llora a la distancia, 'el no se levanta, cuando mucho llama a la mujer para que averigüe que pasa. No sé si esto depende de la naturaleza misma, o es formación cultural, pero es un hecho generalizado, con sus excepciones. Con mi emigración a esta cultura norteamericana, he observado ciertas diferencias, en cuanto a la mujer y al hombre en cuestión, es muy común ver aquí en la playa, en los mall' parejas de la tercera edad abrazados, mostrando el paso de los anos en su anatomía respectiva y con grandes demostraciones de afecto y aceptación, en los países latinos es frecuente que a ese señor de la tercera edad, lo veamos de brazos con una mujer mucho mas joven, y a la mujer contemporánea, sola o con amigas, o la familia. También es muy frecuente lo heterogéneo de las parejas aquí, afro-americanos con filipinas, hindúes con rubias, no porque sean extraordinariamente bellas dentro de la raza que representan, sino porque están mas allá del físico. En este fenómeno me doy cuenta, que nuevamente nosotras las mujeres tenemos una gran responsabilidad, nos quejamos siempre de que el hombre latino le rinde culto al físico a la perfección del cuerpo femenino a la exhuberacion de sus curvas, pero aquí va nuevamente mi pregunta y mi inquietud, ¿Quien se somete a cirugías continuas, a cambios radicales en su cuerpo?, ¿quienes? lamentablemente, las mujeres, y no se engañen o traten de engañar a alguien, con que esperan subir la autoestima, ese discurso es parte del argumento de la Industria cosmetologica y de los cirujanos plásticos, no cambia la vida integral de una mujer, las cirugías, a menos que estén paralelas al crecimiento esencial, no solo logrando conocimientos, sino alcanzando sabiduría, apreciándose, respetándose, amándose, la seguridad de una mujer no depende de la talla del sostén, sino amigas pregúntense, que pasa con las féminas a las que se les mutilan parte de su cuerpo? ¿No tienen derecho a ser amadas, respetadas, deseadas? Observo con tristeza cuanto temor le tienen a la vejez, y ella amigas, entiéndanlo bien significa la prolongación de la vida. Solo el equilibrio nos brindara el Ser Mujer, no la apariencia externa de serlo.

A ESE HOMBRE QUE NUNCA LLEGO

Este capitulo lo dedico a la magia de amar, de sonar, de volar,...............de vivir, en el se condensa, lo que quise ser, lo que siento ser, lo que temí ser, lo que sentí, lo que siento, lo que temí sentir, lo que celebro, lo que lloro, lo que oculto, lo inexplicablemente sentido, lo que me compromete, lo que me libera, mi delirio, mi fantasía, la debilidad que me nutre, lo irracional, ese algo que engrandece mi pequeñez y empequeñece mi grandeza. Me tomo la libertad de plasmar con palabras, lo imposible de explicar, tomo este capitulo para sentarme frente a mi y conversar conmigo, solo una parte de mi habla, la otra escuchara mis confesiones a sabiendas de que ya no habrá tiempo, ni espacio para comentario alguno. "Por primera vez, me desnudo sin vergüenza y sin miedo ante mi dejando al descubierto un algo de mi que despertó a muy temprana edad, y se mantiene hasta mi hoy, no se si trascenderá conmigo en otra energía, solo se que eso soy SOLO AMOR, sin separaciones de mi mente de mi cuerpo y de mi espíritu, en Unidad total y armónica, y por eso mi misión de vida, es SOLO AMAR, en mi fantasía desde niña, oyendo canciones en la radio, hablando con animales y con plantas, creaba en mi mente situaciones, circunstancias que podrían parecer noveleras, donde solo prevalecían relaciones amorosas, que siempre superaban cualquier dificultad o problema, siempre me acompaña una sensación de unidad con todo y con todos, especialmente con un Ser intangible, que despierta mi mas profunda y dulce ternura, mi complicidad, mi solidaridad, pero también así, el fuego de una pasión sin limites, la entrega compartida autentica espontánea, la aceptación de cualquier "pecado", miseria humana, o sombra oculta, y el mas sublime sentimiento de amor infinito incondicional.

Estas vivencias estuvieron latentes en mí por espacios de tiempo en mi etapa de mujer joven adulta, presumo que la vorágine de mi vida en ese momento contribuía a que así fuera, pero en mi adolescencia y ahora en mi presente otoño-invierno, afloran de manera intensa. Respeto la misión biológica de reproducción del cuerpo humano, mas, mi intuición a la que oigo y respeto, me dice, que ese cuerpo como parte de ese Todo Divino, tiene condiciones manifiestas de subliminidad, aun como vehiculo, de ello se deriva que lo conozcamos, lo disfrutemos, lo respetemos y amemos, sin importar el género. Cuando escribo a ese Hombre que nunca llego, quiero expresar lo que en mi inspira, aclaro, no es un príncipe azul, lejos de eso, es un Ser complejo, con inquietudes existencialistas, con temores, con errores, con sueños, con miserias, pero con una particularidad muy especial, siente y vibra como yo, ambos reconocemos las limitaciones de nuestra materia de la que disfrutamos, en el hermoso acto de intimidad sensual a través del sexo, prevaleciendo en los dos la facultad de trascender en esos momentos a la Divinidad de la Fuente Creadora, haciéndonos parte del Todo. Si ese Ser, es parte de mi imaginación, no importa sigue siendo parte de mi, de la magia en la que creo, me inspira sentimientos que son fuente para escribir cartas secretas, poemas, para expresar de infinitas maneras ese "algo" inmenso que guarda mi pequeño cuerpo físico y que sabe, huele y suena a INFINITO. En la madrugada del 15 de octubre de este ano 2013, a las 3 y45 de la mañana, escuche................. "En la madrugada solitaria una voz de mujer dice..........abrázame, une tu cuerpo al mió hasta tanto nuestros espíritus se hagan uno con el todo.". Sabes creo que la presencia de ese Ser en mi quizás evitó que otro, algún hombre tuviera cabida en mi camino, mis relaciones con el sexo opuesto, siempre fueron desde la necesidad de recibir afecto, pero hoy se que ninguno respondía a lo que yo como ser integral mujer-esencia, sentía merecer y compartir, EL sigue vivo en mi, no tiene un rostro físico, pero puedo acariciar su faz, percibo su aroma, siento su calor, se que ES, que ESTA, y voy en pos de su encuentro. En los actuales momentos carezco de expectativas en este plano, a medida que avanzo mi sendero se hace mas amplio y extenso, se descorren velos de irrealidad, y aire de libertad acaricia mi rostro, me siento eterna y con la plenitud de ser amada. Mis sentimientos por ese "hombre", siguen presentes como cuando despertaron en mi adolescencia, con el paso de los anos se hacen tangibles a través de mis sensaciones, alimentan mi magia, contrario a un sin fin de mujeres con parejas, que padecen en silencio la frustración y rutina que entierran su pasión, sus sueños, y hasta las hacen olvidar del privilegio de ser Mujer. Ese amor me plena integralmente, me confieso esto a mi misma, porque se que compartirlo con otras personas sonaría a locura. Mi experiencia como humana, no ha podido evitar que levite en la magia de la fantasía, que transite constantemente los caminos de la eterna infancia, de la despreocupación de la adolescencia, del amor iluso de la mujer joven, por eso en mi hoy, no tengo edad definida, mi niña contempla el desgaste de mi cuerpo físico y lo acaricia como nieta, la adolescente lo ignora, y la mujer joven siente la paz de refugiarse en el, para disfrutar de su sabiduría. En mi hoy, a consciencia del mundo irreal en el que existo, intuyo que cuando me refiero a "ese hombre que no llego", no se aun a quien me refiero, ¿a mi misma?, ¿al animus? ¿Mi realización como un Todo?, tiene su encanto no saber nada, y descansar confiada en los brazos de mi Creador.

JESUS: Dios hecho hombre, Inspiración?, Maestro? ¿Guía? Definitivamente el TODO, la NADA, repito, no profeso religión alguna, conocer a Jesús, sentir a Jesús, seguir a Jesús, seguirlo hasta hacerme una con El, para mi es todo un camino, un proceso, donde solo el amor, nos instruye, guía, conduce, alimenta y fortalece, los dogmas, los ritos, las normas y conceptos creados o interpretados por el intelecto-Ego del hombre nos hacen distraer y perder en un camino de conocimientos, contaminados por intereses sociales, económicos y lastimosamente de separación, donde prevalecen el deseo de tener la razón, de ser lideres, de imponernos como guías unos sobre otros, muy seguido me asalta un sentir de amplitud interna plena de amor ilimitado, donde como comente anteriormente siento que mi Ser abandona mi cuerpo y abrazo de amor a todo y a todos, solo dentro de nosotros habita el don vital de la única verdad, El Amor, solo allí esta EL, Jesús, despertando en todos y cada una de sus criaturas a través del Espíritu Santo, el llamado del "SER". He visto ante mi develado, un universo ilimitado de armonía, belleza, de amor, hacia allá nos dirigimos, eso "somos", ese es el maravilloso Plan Divino, que se cumplirá inexorablemente. Hablamos y discutimos mucho sobre "El Amor", lo etiquetamos, ¡como nos gusta complicarnos!, el Creador en su magnificencia, nos dio a conocer el Amor de manera fluida armónica, sencilla a través de Jesús, de sus ejemplos y palabras, que tanto se han tergiversado. Ese siempre presente, inmortal para el que lo afirma y para el que lo niega, Jesús-Amor-Verdad-Vida Eterna, he aprendido a sentirlo, mas que a pensarlo, me he propuesto

verlo en las anécdotas mas adversas de mi experiencia
humana, en los rostros humanos de menos armonía,
los contraídos por la ira, el miedo, el resentimiento y la
culpa, todos tiene en si algo que los caracteriza, y eso es
"no reconocer a Jesús dentro de si" incluyendo los que
tratan de convencernos de ser sus representantes con
discursos de separación, discriminación e intolerancia,
envueltos en ínfulas de conocimientos que nada tienen
que ver con la sabiduría que todos tenemos el privilegio
concedido por el Padre de alcanzar, y que se cumplirá
por encima de la voluntad del Hombre. En este instante
en mi camino, intuyo al AMOR, y me siento una con El,
cada experiencia de vida, sin excepción nos conduce al
Padre, a través de su hijo Jesús y guiados por el Espíritu
Santo, el Todo y la Nada hecha UNO, eso somos UNO
con la nada y el todo. Vaciémonos de conceptos, de
etiquetas, de dogmas, abracémonos al vació interno donde
yace el TODO que somos, solo amándonos, amamos a
JESUS.........YO SOY.